shamu jo
もしも彼女が シャム女 なら

恋愛・ビジネス　幸運を招く
推しねこ（すきな）　相性占い
救済指南付き♡

12の好きなねこ種で、あなたと相手の
性格・相性・つきあい方がわかります

じぇふ著

開会のことば

すばらしいなぁ、ねこは。

ねこって良いですよね。
うちにもいらっしゃるんですよ、ねこ。
仕事してる横で、食べる！ 寝る！ 遊ぶ！ 食べる！ 寝る！ 遊ぶ！
おりゃ〜って、わがまま言う！
そのご様子をうかがっていると、余りにも愛らしくて
「この猫は前世、どれだけ善行を積んだのだろう。尊いなぁ〜…」
などと思ってしまいます。
すばらしいなぁ〜、ねこは。

そうそう、知っていますか？
ねこにもいろいろな性格や特徴があるように、どんなねこが好きかということで、その人の性格や、相性までわかっちゃうんですよ。

そこで考案したんです。
「ねこ」でバッチリわかる性格判断『推しねこ 相性占い』を！

この本にエントリーしている、人気のねこ種 11 種に、ミックスを加えた 12 種のねこたち。
この中から、あなたの好きなねこ種を選んでくださいな。
はい、それがあなたの「推しねこ」です☆

推しねこ相性占い

『推しねこ 相性占い』は、「ねこの好み」によって、
あなたの性格を判断しますよ！
「好み」は、人の性格を表しますからね。
あなたの好みを知るということは、あなたを知るということになるんです！

――ということは、あなたの気になる「あの人」の好み…
つまり「推しねこ」を知れば、あの人の性格もわかるってこと。

この本では、推しねこのすばらしさはもちろんのこと、
そのねこを推す「あなた」「あの人」を、徹底分析いたします！

この本のタイトルになっている「シャム女（じょ）」とは、シャム推しの女子という意味。シャム推しさんのキャッチフレーズは「賢い人気者」。社交的でみんなから愛される性格ですが、実は…

そんな楽しい占いがたっぷり詰まっています。

さぁみなさん！
ねこを家族に迎え入れたいあなたも、人間関係でイロイロ悩んでいるあなたも、ひなたぼっこしながらおひざにねこをのっけてる、あなたにも、楽しく読んでもらいたい♪

そんな一冊の、はじまり、はじまり～☆

じぇふ

この本の使い方

「推し」というのは「イチオシ！」の意味。
あなたの好きなイチオシのねこは、
どのねこですか？

 この本のP6〜P55にエントリーしている12種類のねこの中から、まずはあなたのイチオシのねこ「推しねこ」を決めてください。

アビシニアンが好きなら、あなたは「アビシニアン推し」。アメリカンショートヘアを飼っているから、「アメリカンショートヘア推し」でもいいですよ。
ただし、できればそれぞれのねこについている**「キャッチフレーズ」**が、あなたの「人生観」と一致しているねこを選んでもらいたいのです。例えばシャムねこのキャッチフレーズ「賢い人気者」が気に入ったなら、アメリカンショートヘアを飼っていても、ここでは思い切って「シャム推し！」と名乗ってください!!
なかには「私の好きなエキゾチックショートヘアがいないじゃないか。ちぇー」なんて人もいらっしゃると思います…（ごめんね）。好みのねこがエントリーされていなかったり、ああどうしても迷ってしまって決められなかったり…

Contents
- 開会のことば p2　　●この本の使い方 p4
- エントリー：あなたの推しねこは？ p6　●迷ってしまうあなたへ p56
- あなた×相手の相性は？ p58　　●閉会のことば p132

エントリー	No.1 アビシニアン	No.2 アメリカンショートヘア	No.3 シャム	No.4 ラグドール	No.5 メインクーン
あなたの推しねこは？	p8	p12	p16	p20	p24
あなたの性格は？	p10	p14	p18	p22	p26
あなた×相手の相性は？	p60	p66	p72	p78	p84

そんなあなたは、P56,57 ページの「迷ってしまうあなたへ」を読んで推しねこを決めてみてくださいね。
あなたの「推しねこ」が決まったら、「あなたの性格は？」のページもあわせて読んでみてください。
ワタシの性格、へーそうだったんだ〜って発見が、きっとありますよ♪

 あなたと相手の相性は？　（P58〜）

あなたの親しい人や、気になるあの人にこの本を見せましょう。
そして、彼や彼女たちの「推しねこ」を聞き出すのです！
そうすると…あなたの「推しねこ」と気になる相手の「推しねこ」で、相性占いができちゃいます！　良い関係を築き幸運を招くヒントが書かれていますよ。

 **なんだか大変そうな結果が出てしまってションボリ…
でも、大丈夫！**

そんなあなたのために「救済ねこアイテム」を用意！　運気を上げて、いつも前向きな気持ちでいられるようにフォローしますから心配しないで。
では早速、始めましょう！

Contents

No.6	No.7	No.8	No.9	No10	No.11	No.12
スコティッシュフォールド	ペルシャ	ロシアンブルー	ベンガル	ノルウエージャンフォレストキャット	マンチカン	ミックス
p28	p32	p36	p40	p44	p48	p52
p30	p34	p38	p42	p46	p50	p54
p90	p96	p102	p108	p114	p120	p126

エントリー

あなたの推しねこは？

エントリー

この本のP8～P55にエントリーしている12種類のねこの中から、まずはあなたの好きなねこ「推しねこ」を決めてください。

できればそれぞれのねこについている「キャッチフレーズ」が、あなたの「人生観」と一致しているねこを選んでください。

「決められない～」という方は、P56,57ページの「迷ってしまうあなたへ」を読んで推しねこを決めてください。

あなたの「推しねこ」が決まったら、「あなたの性格は？」のページもあわせて読んでみてくださいね。
ワタシの性格、へーそうだったんだ～って発見が、きっとありますよ♪

アビシニアン

Entry No.1

キャッチフレーズ

ミラクルインパクト

○**原産国** 東南アジア

○**特徴**
まるで古代エジプトの神話に登場する神様みたい！
エキゾチックな風格を持つねこです。
だけど意外にも近代のねこ種なんですって。面白いですね〜。

○**性格**
すらりとした身体から想像できる通り、運動能力が高くて、とても活発。遊ぶのが大好きで、いつも誰かに注目されていたい。
カワイイ鳴き声でアピールします♪

○**接し方**
あなたに注目されるのが大好きだから、他のねこと一緒にされるのは、ちょっとイヤ。
「みんなといるときも、私を見ててね？」
アビシニアンからのお願いです。

○**相性占い**→ 60 ページ

エントリー

猫の原点を思わせるエキゾチックな容姿と、エネルギッシュな性格が持ち味!

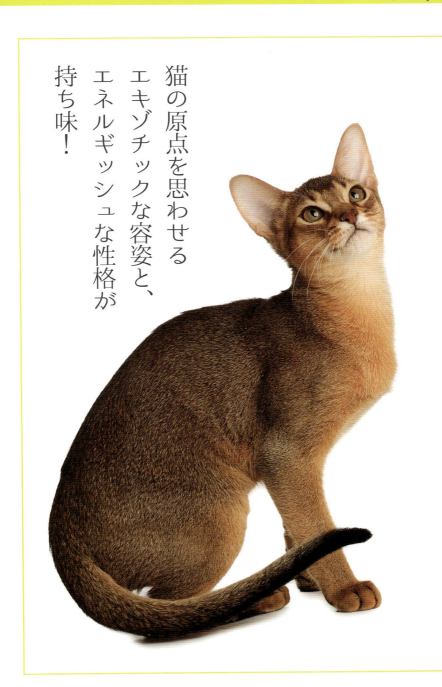

9 アビシニアン

No.1 ●アビシニアン推し●あなたの性格は？

ガツンと熱い！
アビシニアン推しのあなたは、
潔<small>いさぎよ</small>くてかっこいい人！

○そんなあなたは「たくましい人」

　自分の道を自分の力で切り開くあなたは、強くたくましい人。
きりりと前を見てスパッとものごとを決断できる、迷いのない人です。
思い立ったらすぐさま行動に移し、気が乗らないことは一切やらない！
なんとも明快な人。
他人に遠慮したり、おじけづいて、やりたいことをやらないなんて選択肢は、あなたにはありません！

○あなたのスゴイところ「潔い決断力」

　見事なまでの潔さ。そして決断力を持っています。
しかも見極めが上手で、成功率も高いのがあなたの強み。
その秘訣は、あなたが常に「今、自分がやりたいことは何か」を見失わずにいるから。チャンスは逃しません！
まっすぐに、やりたいことへ向かって進んでいくあなたにとって、決断し行動することは喜びです。

あなたの性格は？

○人はあなたをこう見ている「かっこいい人」

何ものをも恐れず、自分の意見をハッキリと主張できる、たくましいあなた！
誰にもこびず、指図を受けず、一人颯爽(さっそう)と生きている。
そうありたいと思っても、普通はなかなかできないもの。
（かっこいい…。）
あなたの勇ましい生き方には、なんだかほれぼれしちゃいます。

○あなたのウイークポイント「人の気持ちに鈍感」

「今、自分がしたいことは何か」
いつも自分の気持ちと向き合って、それを最優先に行動しているあなた。
では、あなたの周りの人は、どう思っているのでしょう？
「そんなこと知らない。考える必要があるの？」
アビシニアン推しのあなたはキョトンとそう答えますね。
自分のことを優先しすぎて、人の気持ちに鈍感。これがあなたのウイークポイント。

○あなたへのアドバイス「ぶつかりすぎないで」

自分の主張は、なんとしてでも通す！
熱い気持ちで、力強くものごとを実行していくあなた。行く手をはばむ者は、誰であろうと容赦しません。「私の邪魔をする気!?」
ちょっとケンカっ早いのが、アビシニアン推しさん…。
冷静に、落ち着いて。力ずくで意見を通したって、良い事なんてありません。
かっこいいあなたを、自分で台無しにしちゃダメです！

11 アビシニアン推し

アメリカンショートヘア

Entry No.2

みんなのオアシス

○**原産国**　アメリカ

○**特徴**

クセのない、ねこねこしい(!?)見た目！
しっかりとした厚みのある被毛に覆われた、健康的な身体！
見ているだけで安心できる、愛らしいねこです。

○**性格**

くつろぐのが好きな、おとなしいねこ。
物おじしない性格で、人前に出てもあまり怖がりません。
「ほら見て、うちの猫カワイイでしょ！」
いっぱい自慢できそう♪

○**接し方**

騒がしくも、おとなしすぎることもない、バランスのとれたねこなので、その見た目も性格も、多くの人に愛されています。
他のねことの協調性もバッチリ！
はじめてねこを飼う人にも、安心ですね☆

○**相性占い**→ 66 ページ

エントリー

見た目も、態度も、性格も、完璧にバランスのとれた猫！どこか庶民的な、親しみやすさも魅力です。

13 アメリカンショートヘア

No.2●アメリカンショートヘア推し●あなたの性格は？

親しみやすいねこ、アメリカンショートヘアを推す人は、安心☆安全　ブレない人！

○そんなあなたは「穏やかな人」

　一目見て安心感のある、親しみやすい人っていますよね。
　落ち着きがあって、ほがらかで、やさしげで…まるでアメリカンショートヘアのように、とても印象の良い人。それが、あなた。
　あなたが親しみやすいのは、いつも心穏やかに人と接しているからです。そして何より、あなたがいつも同じ「あなた」でいてくれるから。日によって気分が変わったり、言動が違ったりする人、不安になりますよね。
　でも、あなたはいつも穏やかな、あったか〜いあなたのまま。

○あなたのスゴイところ「ブレない」

　つまるところ、あなたは決してブレない人。
　こうありたい、こうあろう、そう思ったらそのままを絶対キープ！
　一度自分が決めたことは、ちょっとやそっとじゃ変えません。
　穏やかでおとなしそうなあなたの奥に秘められた、すっごい芯の強さには、みんなもビックリ！
　アメリカンショートヘア推しさんの初志貫徹ぶりときたら、それはもう、たいしたものなのです。

あなたの性格は？

○人はあなたをこう見ている「安心できる人」

あなたといると、安心する。だって変わらないでいてくれるから。
あなたに会えば、まるで慣れ親しんだ家に帰ってきたみたい。
（なんだかホッとするんだよなぁ〜…）心落ち着きます。
平和で穏やかな時間を与えてくれるあなたは、みんなを癒やすオアシスみたいな人。時間が経つのも忘れてしまいそう。
そこであなたがふんわり笑っていたら、もうそれだけで、幸せ空間の出来上がり〜…♪

○あなたのウイークポイント「変化に弱い」

ずーっと変わらない、あなた。だけど人生は変化の連続です。
恋愛に踏み出すとき、結婚するとき、就職するとき、引っ越しするとき…それはもうたくさんの変化が、そこら中にあります。
良い変化もあるはずなのに、ブレないあなたに「変化」はどうも気が重いもの…。
変化しなきゃダメなときもある。頭のどこかでわかっていても…。
「私はこのままでいい。」ついつい現状維持。てこでも動きません。

○あなたへのアドバイス「現状維持もあなたの選択」

安全第一。変化に挑むより、平和な今を守りたいあなた。
「もう耐えられない！」っていうほど現状に不満がないならば、今ある平和を守りたくて現状維持を選びがち。それも一つの立派な選択です。だけどそれは、「これ以上を望むことがない人」の選択です。
あなたに何か「望むこと」があるのなら… 踏み出さないといけないのではないでしょうか。
何もしなければ、何も起こりませんから。

アメリカンショートヘア推し

シャム

Entry No.3

賢い人気者

○原産国　タイ

○特徴
　耳、顔、手足、しっぽの色が濃い、ポイントカラー。
　そして澄んだ空のような、鮮やかなブルーの瞳が特徴。
　吸い込まれそうな、きれいな色です。

○性格
　早熟で、知的なシャム。
　人と関わるのが大好きで、とってもおしゃべり。
　ニャオニャオよく鳴きます♪
　茶目っ気があってユーモラスなシャム。甘え上手なんですって☆

○接し方
　寂しがりやさんなので、留守がちの家だとちょっとかわいそうかもしれません。
　シャムはいっぱい構ってくれて、たくさん遊んでくれる人が、だ〜い好き。一人ぼっちにしないでね。

○相性占い→ 72 ページ

エントリー

数々の有名人に愛された、
知名度の高い猫。
社交的でよく遊ぶ、
愛嬌たっぷりな姿を
楽しんで♪

17
シャム

No.3 ●シャム推し●あなたの性格は？

シャム推しのあなたは、社交的でにぎやかな人！みんなを楽しませるのが大好きです

○そんなあなたは「エンターテイナー」

多くの有名人や作家に愛されてきたシャム。

シャム自身、おしゃべりなことで有名ですが、そんなシャムが好きなあなたも負けず劣らず会話の達人。

おしゃべりが上手い人は、どこの世界でも人気者。人がたくさん集まって、そこには笑顔があふれます。

人の心を楽しませ、たくさんの人を愛し、愛されるのがあなたです。

○あなたのスゴイところ「機転が利く」

人を楽しませるのって、実はすごく頭を使います。

なぜなら相手が何を楽しいと思うのか、わかっていないといけないから。

情報収集も必要でしょうね。

相手への気遣い、そして機転が利かないと、人を楽しませてはあげられません。

それができるあなたの頭脳。情報処理能力はピカイチです。

あなたの性格は？

○人はあなたをこう見ている「アイデアマン」

面白くって、かしこくて、いろんなことを知っているあなた。会社や学校で「何か良いアイデアないかな〜？」と思ったとき、みんなが真っ先に思い浮かべるのが、あなたの顔。
（そうだ、シャム推しさんに聞いたら、何か良い方法を教えてくれるかも！）
あなたの頭の柔らかさには、みなさん一目置いています♪

○あなたのウイークポイント「飽きっぽい」

あなたは新しいものが好き。流行の最先端をいち早くキャッチします。若々しい感覚を持つあなたは、今はコレが流行ってるとか、次はコレがきそうとか、移り変わりのめまぐるしさに、バシバシついていけるのです。それはつまり、あなたが一つのことにこだわり続けることは絶対にない、ということ。
「次こそは続けるぞ！」そんなあなたの決意も、流行と共に去っていきそう…。

○あなたへのアドバイス「言ったことはやり通す」

状況に応じて機転を利かせ、手際良く動くことができちゃうあなた。ときにそれを「行動に一貫性がない」「気が変わりやすい」と見る人もいます。そんなふうに見られるのって、とても心外ですよね。
だから注意！人前で言ったこと、約束したことは、状況が変わっても最後までやり通しましょう。非効率的でも、ムダになっても。やり通さなきゃ、信頼なくしちゃいますもの。

ラグドール

Entry No.4

キャッチフレーズ

ふわふわ おっとり

○**原産国** アメリカ

○**特徴**
抱っこをイヤがらない、夢のようなねこ。
抱っこすると脱力することから、「ぬいぐるみ」を意味する「ラグドール」という名前が付けられたんですって♪
ふわふわのやわらかい被毛と、クリンとお人形さんみたいなブルーの瞳をしています。

○**性格**
控えめで愛情深い性格。
だけど、寂しがりやさんではないご様子。一人も好きで、スヤスヤよく眠ります。
そんな姿も、ぬいぐるみみたいで…かわいすぎる!

○**接し方**
狩りにほとんど興味ナシ。野性味はゼロ。
ねこと一緒に、のんびりまったり過ごしたい人にピッタリですよ。

○**相性占い**→ 78 ページ

エントリー

ふわふわおっとり
「ラグドール」。
その名もまさしく
「ぬいぐるみ」！

No.4 ●ラグドール推し ●あなたの性格は？

ラグドール推しのあなたは、
ちょっと天然☆
マイペース至上主義！

○**そんなあなたは「マイペース」**

「わがままは言いません、どうかラグドールのように気楽に、一生のんびり過ごさせてください…！」
ひょっとしたら、人間社会で一番難しいことを願ってしまうのが、あなたなのかもしれません。
だけどあなたは大まじめ。誰からも支配されず、ただ自分らしく、マイペースに生きていたい！
この気持ち、マジですから。

○**あなたのスゴイところ「自然体」**

社会のしがらみとか、面倒くさい人間関係とか、そんなものぜ〜んぶ、いらない。
ラグドール推しさんは、ラグドールが抱っこされたときスッと力を抜くように、「社会のしがらみ」にしがみつきません。
スッと力を抜いて、ありのままでいるのです。
それってなかなか、できないこと。
みんな少しでも「良く見られたい！」って思っちゃうから…。

あなたの性格は？

○人はあなたをこう見ている「放っておけない人」

大金持ちになりたいだとか、誰かを蹴落（けお）としてでも出世したいとか、そんな生々しい野心を感じさせない、あなた。
そんなあなただからこそ、なんだか守ってあげたいとか、一緒にいたいと思われて…特に頼んでいないけど、なにくれとなく構われるという不思議な？ いえ、ありがた～い現象が！
浮き世離れしているあなたを、なんだかみんな放っておけません！

○あなたのウイークポイント「脱力しすぎ」

でも、「脱力しすぎ」は問題です。
やっぱり人間社会を生きてくためには「一生懸命」も必要だから。
残念だけれど、どうしても逃げられない「面倒なこと」ってありますからね。結婚とか、出世だって、とらえようによっては面倒だったりもします。
でも、そういうことを避けていたら、もっと面倒くさいことになるんですよね。
頑張るときは、頑張って。その方が、きっと楽です。

○あなたへのアドバイス「好きなことを探そう」

自分らしく、マイペースに生きていたいあなた。
そんなあなたには、趣味を持つことをオススメします。
趣味だから、趣味なんだから最後まで、マイペースでやりましょう。
誰にもジャマされず、気の向くままに好きなことに集中して。
「これがあるから日常生活頑張れる！」
そう思えるような「好きなこと」が見つかったら、きっと幸せ♪

ラグドール推し

メインクーン

キャッチフレーズ

Entry No.5

ダイナミックゴージャス！

○原産国　アメリカ

○特徴

とにかく大きい！

体長100センチほどに成長する巨大ねこです。

鼻筋の通った四角い顔に、ガッチリした身体。不ぞろいに長い被毛。大きな大きな耳の先には、飾り毛（タクト）が付いていて、これでもかってくらいゴージャス☆

○性格

巨大な身体をしていますが、穏やかで優しい性格。

そのうえ忠実なので、「犬みたい」なんて言われることも。

家族の一員として、堂々とふるまいますよ♪

○接し方

なにしろ「犬みたい」な性格で、飼い主の言いつけを守りますから、性格的には育てやすいねこ。

ただし、長い毛の手入れが必須。ブラッシングをお忘れなく。

○相性占い→84ページ

エントリー

25
メインクーン

王者の風格！
ゴージャスな被毛をまとう、
心優しい巨大ねこ！

No.5 ●メインクーン推し●あなたの性格は？

ダイナミックでゴージャスな メインクーンを推す人は、 仲間思いの頼れるリーダー！

○そんなあなたは「アクティブな人」

あなたはいつも忙しい！
あっちからお誘い、こっちから頼まれごと、いろんな人からお声がかかって、あれもしなきゃこれもしなきゃ！
じっとしてなんかいられません。
大変大変と言いながら駆け回るあなただけど、お肌はツヤツヤ、服装もビシッと決まって、なんとも華やか！ 人前に出て忙しく活動することが、あなたをいっそう輝かせます☆

○あなたのスゴイところ「人助けの精神」

困っている人がいたら、ごく自然に手をさしのべてあげられる、あなたは強くてやさしい人です。
良いことをするのにも、けっこう勇気、必要ですよね。
それをふつうに乗り越えて、何かしてあげようと思えるところが、あなたのスゴイところ。
ヒーローみたいなあなたの信条、「困っている人がいたら、助けるのは当然。」

あなたの性格は？

○人はあなたをこう見ている「頼れるリーダー」

人前でも胸を張って、堂々とふるまえるあなた。

行動力があるだけでなく、自分の意見がハッキリ言えて、人の意見も尊重できて、場を取り仕切るのがあなたは上手。

いやおうなく目立つあなたは、いつのまにかリーダー的な立場になっていて…みんなが尻込みするようなことも（あの人だったら、やってくれる！）頼りにされてるあなたです。

○あなたのウイークポイント「押しつけがましい」

誰かを思い、いっぱい頑張るあなただから、その思いが通じないとき、あなたは心から腹を立てます。

「どうして私の気持ちがわからないの!? こんなにしてあげているのに！」でも、押しつけがましくしてはダメ。

相手から良い反応が返ってこないとき、それは「そっと見守っていて」のサインです。

相手の成長を黙って見守る。それも一つの、人助けです。

○あなたへのアドバイス「いつも心に余裕を持って」

私にまかせて！ 私がなんとかしてあげる！

使命感に燃えるあなたは、今日も大忙しです。

でも、やることがいっぱいで、あなたに余裕がなくなると…

「私の言うとおりにすればいいの！」支配者的なあなたが登場。

相手のあることだけに、全てがあなたのペースで進むとは限りません。

いつも心に余裕を持って人と接しましょう。

あなたはヒーローなんだから！

メインクーン推し

スコティッシュフォールド

キャッチフレーズ

Entry No.6

よい子のお手本

○**原産国** イギリス

○**特徴**

垂れ耳のまん丸顔に、まん丸な目。
突然変異による「スコットランドの折れ耳ねこ」が、「スコテッシュフォールド」というねこ種として公認を得たのは 1994 年。
今では多くの人に愛される大人気のねことなりました。

○**性格**

落ち着いていて、ものわかりが良い性格。
「よい子だね」って人に誉めてもらえるのがうれしい、かわいらしい「おりこうさん」です。

○**接し方**

「おりこうさん」ですからね、人と良い関係を作れるだけでなく、ねことも仲良く付き合えるみたい。いつもよい子にしてるから、たま～にわがままを言うときは、聞いてあげてくださいね。

○**相性占い**→ 90 ページ

エントリー

控えめな容姿に垂れ耳が愛くるしい、優しげな猫。思わず、守ってあげたくなりますね。

29 スコティッシュフォールド

No.6 ● スコティッシュフォールド推し ● あなたの性格は？

まんまるフェイスの
スコティッシュフォールド推しさんは、
誰もが認める優等生！

○そんなあなたは「きちんとした人」

どこに行っても、あなたは大切に扱われます。
だって「きちんとした人」だから。
常識的で、礼儀正しく、節度をわきまえた…どこに出しても恥ずかしくない人だから。
あなたに会えば、人は襟を正します。そうでなければ、あなたの前に立つことが恥ずかしくなってしまうもの…。

○あなたのスゴイところ「品格」

飾らないのに、清楚で上品…それがあなたです。
どれだけ「うわべ」を飾っても、中からにじみ出る品格までは作り上げることができません。
あなたが中から美しいのは、あなたが常に自分を正し、律しているから。
清潔を保ち、本当に必要なものだけを持ち、規則正しい生活をする。
つまり、日頃の暮らし方が、品格を作り上げているということなのです。

あなたの性格は？

○**人はあなたをこう見ている「おとな」**

自分で自分を正し、律することができるあなたは、みんなの中でも特別に落ち着いて見えます。

感情のままに行動せず、冷静にものごとを考えるので、あなたのやることは常にきちんと計画されています。

華美を好まず、地に足の着いた生活をするあなたに、人々は思います。

（良妻の見本のような人…）そう、あなたは「おとな」なのです。

○**あなたのウイークポイント「神経質」**

あなたはけっこう細かい。

常にきちんとしておきたいから、いつも、もしもに備えています。誰よりも「老後の心配」とかをしているのは、しっかり者のあなた…。

どこかピリピリしていて隙がない。それがあなたのウイークポイント。つまりちょっと「神経質」なんですね。

○**あなたへのアドバイス「自信を持って」**

絶対に、失敗したくないあなた。

だからいつも完璧を目指し、「きちんと」して、もしもに備えて…。今できることをしたのなら、これ以上、ピリピリするのはやめましょう。

あんまり神経質になりすぎると、窮屈で、つまらない印象を人に与えてしまいます。完璧を目指して頑張っているのに、あなたの魅力を損ねてしまっては、本末転倒でしょう？

あなたはきちんとしてるんだから、もっと自信を持っていいのです。

スコティッシュフォールド推し

ペルシャ

Entry No.7

エレガントビューティー

○**原産国** ペルシャ（現イラン）

○**特徴**
長く、美しい被毛を持つねこ。首回りは特にふっさりと豊かな毛で覆われていて、すごく優雅…。
うっとり眺めちゃいます。

○**性格**
おっとりとしているので、用心深い性格なのかな？
…と思いきや、実は好奇心旺盛☆
そのうえ愛情深い性格をしていて、家族との絆を大切にするんです。いかにも優雅で"敷居の高そう"な外見からは、ちょっと意外な感じの性格でしょう？ ギャップ萌え、ですね。

○**接し方**
育てやすい性格のねこですが、その美しい被毛を維持するための、こまめなお手入れが絶対に必要！
ずぼらな手入れじゃダメですよ。

○**相性占い**→ 96 ページ

エントリー

古代からその美しさが
もてはやされた猫、ペルシャ。
愛情深い性格にも、
ご注目！

33 ペルシャ

No.7 ●ペルシャ推し●あなたの性格は？

洗練された、優雅でオシャレな人。
ペルシャ推しさんは
みんなの憧れ…☆

○そんなあなたは「洗練された人」

あなたは洗練された人。
スタイリッシュな外見に、気さくでさっぱりとした人柄。
考え方は知的で合理的、そして現実的。なのにやさしい…。
どんなタイプの人ともスムーズに仲良くなれて、みんなの中にいても、一人でいても、サマになる…！
あなたはそんな、うそみたいに"いいとこどり"の性格の人。
あなたの性格は、まるで「芸術品」のようですね。

○あなたのスゴイところ「察しの良さ」

あなたは人間観察がとても上手。
ちょっとお会いしただけで、ちょっとお話しただけで、その人のこと、だいたいわかってしまいます。
あなたの、この能力「察しの良さ」は、なんと生まれつきのもの！
この力を使っていろんな人と関わって、もまれ、磨かれて相手に合わせていくなかで、あなたのその洗練された性格が、できあがったというわけです。

あなたの性格は？

○人はあなたをこう見ている「クールでスマート」

あなたはいつも、持ち前の人間観察力で、一歩引いてものごとを見ています。
だからこそ人に合わせるのが上手いわけですが…。
物事にのめりこんで熱くならないあなたを「クール！」
人の気持ちを察して、相手がしてほしいと思っていることを、サラリとしてあげられるあなたを「スマート！」
みんなはそう、思ってます☆

○あなたのウイークポイント「自己主張が苦手」

察しの良いあなたは、自分の本心を表現することは苦手。
自分の意見など言わず、相手の気持ちに合わせていれば上手くいくからです。
もめ事は起こらないし、相手にも満足してもらえますから。
人の心はよくわかるけれど、自分の心がよくわからないあなた。
対人関係では問題を抱えにくいけれど、自分自身のことでは悩みが多いのがウイークポイントです。

○あなたへのアドバイス「できないかもしれないことをやろう」

「結局、私は何がしたいんだろう」
ペルシャ推しさんがよく陥る悩みです。察しの良いあなたは、「できない」と感じたことにはなかなかチャレンジできません。
だからこそ、悩んだときは「これなら私にもできる」と思うことをやるのではなく、あえて「できないかもしれない」ことにチャレンジしてみてはいかがでしょうか。
きっと、あなたの新しい世界が広がりますよ。

ロシアンブルー

キャッチフレーズ

Entry No.8

ミステリアス

○原産国　ロシア

○特徴
ベルベットのような手触り、シルバーブルーの被毛。
魔力を秘めた宝石ようなエメラルドグリーンの瞳と相まって、なんて神秘的なねこなのでしょう…。

○性格
ロシアンブルーは人見知りすることで有名。それはかつて、被毛を狙った狩猟が行われていたためとも言われています。
用心深く、内気で変化に敏感。
デリケートな性格の裏には、深く沈んだ歴史があったんですね。

○接し方
大切に慈しみ、育ててあげましょう。
環境や人に慣れるまで時間がかかりますが、信頼関係を築いた人にだけは特別に心を許し、愛情いっぱい甘えてくるようになりますから。

○相性占い→ 102 ページ

エントリー

ミステリアスな印象の、内気な猫。
心を許すのは、ロシアンブルーが認めた人だけ・・・。

37 ロシアンブルー

No.8 ●ロシアンブルー推し●あなたの性格は？

神秘のベールにつつまれた
ロシアンブルー推しさんは、
深く、深く…一途な人

○ **そんなあなたは「深い人」**

「神秘」とは、人の知恵でははかり知れない深いもの。
簡単には踏み込めない世界のことです。
それはまるで、ロシアンブルーを推すあなたのようで、あなたのはかり知れない深い思考力、深い理解力を表した言葉のように思えてきます。
人生に、苦労はつきもの。
あなたの精神は達観(たっかん)していて、良いことがあっても浮かれ騒ぐことがなく、悪いことがあってもそれがいつまでも続くわけではないと、絶望することがありません。

○ **あなたのスゴイところ「あきらめない」**

あなたは決して、楽な方へと流されません。
自分がいるべき場所、すべきことを見つけたなら、どんなにつらいときでも逃げ出さず、投げ出さず、じっと耐えて良い時期の訪れを待つのです。
あなたの「思い」の強さ、そしてちょっとやそっとじゃくじけない強い精神力には驚かされるばかりです。

あなたの性格は？

○**人はあなたをこう見ている「一途」**

あなたは人を裏切りません。

それは自分を裏切らないから。自分をごまかさないからです。

だからあなたは、始めたことは最後までやり通しますし、お付き合いをする人とも添い遂げようとします。

（なんて一途な人なんだろう…）すべてを貫き通すあなたを、人は心から信頼しています。

○**あなたのウイークポイント「思い詰める」**

ひとたび、これというものを見つけたら、あなたはそれを一生涯放さない覚悟で物事に取り組みます。

その思いはあまりにも強くて、もう「他の選択肢」がありません！

「他のこと」に逃げることを、あなたは自分に許さないからです。

だからでしょうか、夢や理想を追いかけているはずなのに、あなたがとてもつらそうなのは…。

○**あなたへのアドバイス「笑顔でいよう」**

ロシアでは、ロシアンブルーを「幸運のブルー」と呼んでいるとか。

やるべきことをやり通すあなたの行く先に、「幸せ」は見えていますか？

幸せに向かって進んでいるのなら、つらい顔はやめて、笑いましょう。

幸せは、幸せそうな人のもとにやってくるんです。

あなた自身が「幸運のブルー」となって、幸運を呼び込む人になりましょう。

笑顔は人を安心させ、幸せな気持ちにしますから。

ベンガル

Entry No.9

陽気な勇者

- ○原産国　アメリカ
- ○特徴

　ベンガルヤマネコとイエネコの異種交配によって誕生したベンガル！ ヤマネコのような筋肉質の身体とあふれる野性味。なんともたくましい、見事な見た目をしています。

- ○性格

　ベンガルは、「飼いねことして理想的な性格を持つこと」という条件が設定されている珍しいねこ種。ではその「理想的な性格」ってどんな性格でしょう？
　答えはこう…人なつっこく、好奇心旺盛で、陽気♪　そして、ねこらしくマイペース。これが…ベンガル！

- ○接し方

　いっぱい遊んで笑いたい！そんなねこライフがご希望のあなた！ ベンガルと一緒なら、退屈とは無縁の生活を送れること間違いなし！ ぜひ体験してみて☆

- ○相性占い→ 108ページ

エントリー

41
ベンガル

このワイルドさを見て！
ベンガルの魅力にハマった人は、
そこからもう、抜け出せません！

No.9 ●ベンガル推し ●あなたの性格は？

野性味あふれる
ベンガルのよう！
あなたは陽気でワイルドな人♪

○そんなあなたは「勇気の塊」

なんだってそう、やってみなきゃわかりません。
やってだめなら次に行けるし、やってできたらそれでよし♪
何もしなけりゃ問題は、いっこうに解決しませんからね！
そうですあなたは、勇気の塊。とにかく行動！ 行動あるのみ！
山があったら登ればいいし、川があったら泳げばいい。
危険はあるけどだからこそ、ワクワクだってあるのです♪

○あなたのスゴイところ「ポジティブ」

あなたはとても「ポジティブ」。だから毎日幸せです。
だって嫌なことがあっても「ピンチはチャンス！」良いように考える！
良いことがあったらそれをどでかく膨らまし、スーパーミラクル良いことにする！ するとどうでしょう。人生のうちで「幸せ」と感じる時間がい～っぱいあって「不幸せ」を感じる時間がチョロッとしかありません。
これぞ、幸せいっぱいの人生っ！ うらやましいかぎりですね。

あなたの性格は？

○人はあなたをこう見ている「自由な人」

「ベンガルを飼えば、きっと退屈とは無縁の生活を送ることができる」（『世界で一番美しい猫の図鑑』より）なんて言われますが、なんだかあなたと一緒みたい。次は何をするつもり？ いつも奇想天外の動きをするあなた。あなたと一緒にいる人は、ドキドキハラハラ…みなさん退屈とは無縁です。そんなの無理だよ…そう思えるようなことにも、果敢にアタック！
（自由な人だぁ～！）ふつうでは思いつかないことをやるあなたを、人はそう思ってます☆

○あなたのウイークポイント「無謀」

なんでも良いように考えるあなたは、ビックリするほど怖いもの知らず。普通に危ないことを、深く考えずにやっちゃうわけです。これを「無謀（むぼう）」と言います。覚えておいてくださいね。
あなたはそれでいいと思っているのでしょうけれど、あなた以外のほぼ全ての人が、それを良いこととは思っていません…。
何かあったらどうするつもり？

○あなたへのアドバイス「人の話を聞きましょう」

「うるさいなぁ。」自由すぎて、協調性に欠けるあなた。
あなたにとって、人からのアドバイスの大半が、うっとうしい小言。もしくは外野からのヤジ、みたいなもんだと思っていませんか？ よく考えて。その人、本当に「外野（他人）」？ あなたの家族、恋人、友人なんでしょう？ だったらそれは、あなたの「味方」。
味方なんですから、それは「あなたのため」に言ってくれていることです。ちゃんと聞きましょう。

ベンガル推し

ノルウェージャンフォレストキャット

キャッチフレーズ

Entry No.10

こびない気高さ

○原産国　ノルウェー

○特徴

　厳しい冬のスカンジナビアで自然発生した大型のねこ。
　厳しい環境の中で狩りをしなきゃいけなかったので、運動能力が高く筋肉質で、長い被毛は撥水性(はっすい)に優れています。
　そして見てください、この凛とした気高い目を！

○性格

　環境に適応する力が強く、落ち着きがあります。
　縄張り意識が強いようで、「私はこの家の一員である」との自覚があるかのようにふるまいます。

○接し方

　ノルウェージャンフォレストキャットは成長に時間がかかり、5歳くらいで身体ができあがります。
　家族の一員として、ゆっくりと絆を深めていってくださいね。

○相性占い→114ページ

エントリー

45 ノルウェージャンフォレストキャット

極寒の地を生き抜いた、気高い猫。
ノルウェージャンフォレストキャットに
「かわいらしさ」は必要なし！
（カワイイけど！）

No.10●ノルウェージャンフォレストキャット推し●あなたの性格は？

この尊いねこに敬意を…！
本物志向のエリートは、
ノルウェージャンフォレストキャットを
推している！？

○**そんなあなたは「向上心の強い人」**

あなたはきっと、高いところが好きなはず。

立場、格付け、評価とか…そう、そういう、社会的に高いところ。そして誰にも脅かされないぐらいの、絶対的な地位を築き上げたいと思います。

だからあなたは努力します。確実に、高いところに立つために。

「本物の実力を持つこと」以外に、その方法はないとわかっているから。

○**あなたのスゴイところ「厳格さ」**

成功する人は、シビアな人。

ものごとを甘く見ない、厳格さがあります。

逆に考えの甘い人は、ちょっとしたつまずきでいとも簡単に挫折します。大きなことを成し遂げるのに、なんの問題もなく、順風満帆(じゅんぷうまんぱん)にいくはずがありません。

あなたはそれを知っていて、問題に直面する覚悟ができています。

成功する人と何もできない人の差は、この覚悟のほどにあるのでしょう。

あなたの性格は？

○人はあなたをこう見ている「真面目な人」

厳格なあなたは、とても責任感が強い人です。
人に何かを任されたら、相手の期待に応えるように、一生懸命頑張って取り組みます。
人に何かをしてもらったときは、そのご好意に甘えるのではなく、きちんと恩を返そうとします。
そんな、ちょっと古風で義理堅いあなた。
（なんて真面目な人だろう…）人はしみじみとそう思います。

○あなたのウイークポイント「世間体が最優先」

あなたは堅実な人。だからベスト（最高）よりも、ベター（最高ではないけど、良い状態）を選びがち。
ちょっとだけ妥協するのです。
世間体の良い会社に入る。適齢期が来たから結婚する。
それはあなたの夢なのか、親か誰かの望みなのか。本当のところ、あなたは何を望んでいるの？

○あなたへのアドバイス「プライベートも充実させて」

あなたは立派な人です。あなたのような勤勉な人がいてくれると、世の中はきっと良くなるでしょう。でも、外での評価ばかり求めて頑張り続けていると…なんのために頑張っているんだろう？
ふと「むなしさ」を感じたりして。
あなたがむなしさを感じるとき、それはプライベートが充実していないからではないでしょうか。
少し肩の力を抜いて…。あなたは今、あなたの身近な人からも尊敬される生き方、できていますか？

マンチカン

キャッチフレーズ

Entry No.11

輝く個性

- ○原産国　アメリカ
- ○特徴

  特徴は足が短いこと。それだけ！
  しかしその特徴が、ねこ種認定で論争を巻き起こしています。
  「マンチカン」を認める？ それとも認めない？
  なんとまだ、その論争には決着がついていないもよう…。

- ○性格

  足が短いこと以外、マンチカンはねこらしい、ねこ。
  好奇心旺盛で愛嬌たっぷり。
  遊ぶの大好き！ 人にかまってもらいたくて、遊ぼ、遊ぼ♪
  まとわりついてせがみます。

- ○接し方

  人間界のごたごたなんて、どこふく風。たくさん遊んでぐっすり眠るマンチカン。
  普通のねこと同じように扱って、なんの問題もありません。

- ○相性占い→ 120ページ

エントリー

49
マンチカン

「こんなの猫じゃない!?」
波乱を巻き起こす、
個性あふれる猫！

No.11 ● マンチカン推し ● あなたの性格は？

人がなんと言おうとも！
マンチカンを推す、そんなあなたは
世の中変える天才型!?

○そんなあなたは「時代の寵児」

ダメと言われたらやりたくなる。
どうしてダメなの？それをけっこう真剣に追求しちゃうあなた。
嫌いなものは保守的で無難な考え方。それから世の中の「常識」。
新しい時代の風を求めて。古くなって、使い物にならなくなった「常識」を革新するために現れた、時代の寵児！
それが、あなたです！

○あなたのスゴイところ「その道のプロになるまでこだわる」

全てのものごとに、その道のプロ、その道のマニアがいること、あなたはもちろん、知っていますね。
だってあなたは、人の性格よりも、その人の「こだわり」に惚れ込むタイプ。
多少性格が合わなくても、「すごいことができる人」「何かを極めている人」ならば、それをひっくるめて、味わい深いその人の個性！
自分もそうありたいと思うから、「こだわり」を持って生きています。

あなたの性格は？

○人はあなたをこう見ている「個性的な人」

人に流されず、少数派を貫くあなた。
明るく社交的なのに、人と群れない。あなたはやっぱり個性的。
「みんなと違う」は、あなたにとってほめ言葉♪
「変わっている人」は、最上級のほめ言葉！！
（本当に、個性的な人だなぁ）みんな感心するばかり。
世の中には、いろんな人がいるんだなって。

○あなたのウイークポイント「あまのじゃく」

人に流されることが嫌いなマンチカン推しさん。
みんなが右に行くのなら、私は左に行く！「みんなと同じは嫌」
という理由だけで、行動を決めてしまいやすい、あなた。
人気の無い飲食店はたいていお味がイマイチなように、人の流れ
にもそれなりの「理由」ってものがありますよ。
知りましょう。なぜみんながそっちに行くのか。理由を知った上
で決めましょうね。

○あなたへのアドバイス「常識を知りましょう」

常識を嫌う独創的なあなたですが、社会のルールは守りましょう。
それができれば、ひょっとしてあなたは世の中を変えることもで
きちゃうかも。
常識は知った上で、はみ出しましょう！
そうでなければ、ただの「ワガママ」って受け止められてしまい
ますから。
多くの人の共感を得なければ、世の中は変えられませんよ。

マンチカン推し

ミックス

キャッチフレーズ

Entry No.12

運命の出会い

○**原産国** 世界中

○**特徴**
「人と一緒にいることを我慢できるねこ」が、飼いねこになれたんですって。これ、知ってました？ ありがたいことですね〜。

○**性格**
誰の顔色もうかがわず、やりたいことをやりたいようにやって生きている、ねこ。
それに比べて自分はどうだろう、ああ…こんなふうに生きることができたなら…。

○**接し方**
圧倒的に多くの人に飼われているねこ種が、ミックスです。
それだけ、たくさんのご縁を私たちに与え続けてくれているということ。いろんな性格の猫がいるミックスに、これ、という飼い方はありません。運命的でかけがえのない猫との「出会い」。
この素晴らしいご縁を、ずーっと大切にしてくだされば…☆

○**相性占い→** 126 ページ

エントリー

やっぱり猫は、こうでなくっちゃ。
奇跡のような生き物、猫に「血統書」なんて関係ない。

53
ミックス

No.12 ●ミックス推し●あなたの性格は？

海のように広い心の持ち主。
それはきっと、ミックス推しさんに
違いありません。

○そんなあなたは「やさしい人」

あなたはどんな立場の人でも、どんな境遇の人でも、分け隔てなく耳を傾け、手をさしのべることができる人。
決して、他人事だから私とは関係ない、面倒くさそうだから放っておこう、なんて思わない。
特別なことは何もしていない…あなたはそう思うかもしれません。けれど、あなたが相手を思い、そばにいてあげたことで、いったいどれだけの人の心が救われたことでしょう。

○あなたのスゴイところ「共感力」

あなたの思いやりは、全ての人に向けられます。
人が好きなあなたは、たくさんの人と仲良くなりたいと願い、仲良くなった人を、自分の家族のように思い、共感します。
「あなたの夢は、私の夢」
人と夢を共有することができるあなたは、二人分、三人分…
たくさんの人々の夢と共に、多くの喜びを感じ、生きることができるのです。

あなたの性格は？

○人はあなたをこう見ている「いい人」

あなたは、とても「いい人」です。
やさしくて、思いやりがあって、他人のことを自分のことのように考え、愛せる人なんですから。
（天使みたいな、いい人…）
あなたの優しい気持ちに触れれば、誰だってそう思います…。
まごころは伝わりますからね。

○あなたのウイークポイント「悩みを抱えやすい」

いろんな人に共感していると、共に喜び合うことができる反面、共に悩まなければいけないこともできてしまいます。
自分の悩みだけでなく、人の悩みも自分のことのように抱え込んでしまうあなた。
しんどいことばかり言う人と一緒にいると、そのネガティブな気持ちを受け入れすぎて、あなたもとても憂鬱(ゆううつ)な気分に…。

○あなたへのアドバイス「見る目を持ちましょう」

そんな天使のようなあなたにも、どうしようもないことがあります。
それは「人の気持ち」です。相手が何を考え、あなたをどのように思うのかは、あなたにはどうしようもできません。
「相手に嫌われたくない」からと、相手に合わせてばかりいるようでは、相手にとって「都合のいい人」になってしまうでしょう。
一緒にいると幸せな気持ちになれる人…そういう人を選ぶ力、人を見る目を持つことが、あなたには必要なのです。

あのねこもいいけど、このねこもいいな♡
迷ってしまうあなたへ

Q1 誰にも相談せず、1人で決断できるほう？
　→ 相談したい
　→ できる！

Q2 計画を立ててから行動する？
　→ もちろん！
　→ 行き当たりばったり！

A マイブームの終わりってどんな感じ？
- あまり意識したことない → **Entry No.3 シャム**
- 終わりなんてない → **Entry No.11 マンチカン**
- 他に気になることができて… → **Entry No.7 ペルシャ**

Q3 1人で居酒屋(未成年はファミレス)、平気？
A
- 全然平気 → **Entry No.1 アビシニアン**
- そこしかないなら → **Entry No.9 ベンガル**
- イヤです → **Entry No.5 メインクーン**

あなたの推しねこは？

エントリー

オススメ
推しねこ

● 「推しねこ」が決まらないあなたに、
あなたにぴったりのオススメ推しねこをご案内しましょう！
次の3つの質問に答えてください。
（推しねこが決まっている人はする必要がありませんよ）●

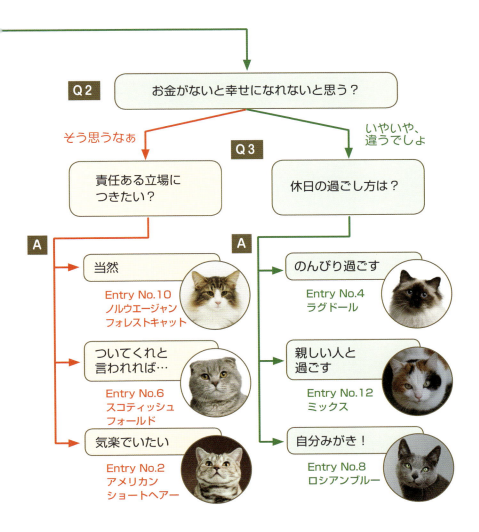

Q2 お金がないと幸せになれないと思う？

そう思うなぁ → 責任ある立場につきたい？

いやいや、違うでしょ → **Q3** 休日の過ごし方は？

A
- 当然 → Entry No.10 ノルウエージャンフォレストキャット
- ついてくれと言われれば… → Entry No.6 スコティッシュフォールド
- 気楽でいたい → Entry No.2 アメリカンショートヘアー

A
- のんびり過ごす → Entry No.4 ラグドール
- 親しい人と過ごす → Entry No.12 ミックス
- 自分みがき！ → Entry No.8 ロシアンブルー

迷ってしまうあなたへ

相性は？
あなた × 相手

幸運を招く
救済ねこアイテムフォロー付き

相性の見方	
★★★	バッチリです！
★★☆	まあまあかな。
★☆☆	いまいち弱い。
☆☆☆	ゴメン、無理！

相手との相性は？

あなたの親しい人や、気になるあの人にこの本を見せましょう。
そして、彼や彼女たちの「推しねこ」を聞き出すのです！
あなたの「推しねこ」と気になる相手の「推しねこ」で、相性占いができちゃいます！
良い関係を築き幸運を招くヒントが書かれていますよ。

なんだか大変そうな結果が出てしまってションボリ…
でも、大丈夫！

そんなあなたのために「救済ねこアイテム」を用意！
運気を上げて、いつも前向きな気持ちでいられるようにフォローしますから心配しないで。

では早速始めましょう！

No.1 ● アビシニアン推しのあなた×相手との相性は？

あなた：アビシニアン推し
×
相手：(　　　　　　) 推し

★★★　**アビシニアン推し同士**
＊本音でぶつかりあい、深い絆で結ばれる

お互いに、言いたいことを言う性格。ケンカもあるかもしれません。
だけどアビシニアン推しさんにとって、本音でぶつかりあえる相手こそが、本気でお付き合いをしている相手!!
それにサッパリとして引きずらない性格だから、寝て起きたらハイ、仲直り♪
ぶつかって本音を伝えた分だけ、誰よりも深い絆で結ばれます。
こんなに手応えのある相手は、なかなか他にはありません。
（でも一応…）ぶつかった後は、ちゃんと優しくしてあげてくださいね。

★★★　**メインクーン推しの相手**
＊熱い性格の二人、情熱的な交際を

頼られると嬉しくって、とことん頑張っちゃうのがメインクーン推しさん。
熱い性格のねこ推しさんです。
勝ち気なアビシニアン推しさんも、もちろん熱い性格。だからお互い、情熱的な交際が期待できます。
だけどアビシニアン推しさん、単独行動は控えめに、お願いしますね。
なぜならメインクーン推しさんは、寂しがりやで、仕切りたがりや。
愛しいあなたに構ってもらえないと、それはもうガッカリしてしまいますから。

相手との相性は？

★★★　ベンガル推しの相手
＊離れてたって通じ合う、尊重しあえる関係

ベンガル推しさんとは、意見が合わないならそれぞれ別行動。意見が合ったら一緒に行動、そんな感じでオーケイです。
なぜならどちらのねこ推しさんも、相手に合わせるのが苦手。無理して合わせられるのも迷惑っていう、自由で潔い性格の持ち主。
お互いハッキリ自己主張ができますし、押しつけがましくはしないから、相手のことをわかってあげられて尊重しあえる関係になれるのです。
良い一日を過ごそうねってポジティブな気分さえ共有できれば、ベッタリ一緒にいなくても、お互いに幸せです。

★★☆　シャム推しの相手
＊ソフトタッチで付き合えば、毎日楽しい

情報通で、コミュニケーションが大好きなシャム推しさん。一緒にいると、絶対楽しい相手です。しかも機転が利くシャム推しさん。ご意見番として近くにいてくれると、とっても心強い！
ただ、注意点がありますよ。
シャム推しさんは強引な人が苦手です。うまくあなたに合わせてくれはするけれど、それに甘えて自分を押しつけると、あの人苦手〜って逃げられちゃいます。ソフトタッチで付き合ってね。

★★☆　マンチカン推しの相手
＊大興奮！世界が広がる相手

「マンチカン推しさんの、知識や技術を使って、あんなことしよう、こんなことしよう！」…アビシニアン推しさんは、マンチカン推しさんに大興奮です。
マンチカン推しさんはこだわりの人。一緒にいると、今まで知らなかったことや

考えもしなかったような世界を見せてくれる人です。
マンチカン推しさんだって、颯爽（さっそう）と生きるあなたに興味を持ってもらえて、接点ができたことがとってもうれしい☆
ところでアビシニアン推しさん、面白いからって肝心のマンチカン推しさんを押しのけて、自分ばっかり楽しんでいてはいけませんよ。

★★☆　アメリカンショートヘア推しの相手
＊疲れた心を癒やしてくれる、温かい関係

熱くなりやすいアビシニアン推しさんの心を、スッ…と冷静にしてくれる相手。それが、落ち着きのあるアメリカンショートヘア推しの人です。
穏やかなアメリカンショートヘア推しさんと一緒にいると、イライラしていた自分がバカみたい。
疲れたあなたを温かく包み込んでくれるアメリカンショートヘア推しさんのおかげで、明日っからまた頑張れそう！
だけどたまには、平和にのんびり過ごしたいアメリカンショートヘア推しさんを、あなたが癒やしてあげましょうね。

★★☆　ミックス推しの相手
＊欠点をフォローして、大切なことに気づく

ついつい人と張り合って、一人で頑張ってしまうアビシニアン推しさんの欠点を、フォローしてくれる性格の人。それがミックス推しさんです。
穏やかでやさしいミックス推しさんは「勝ち負けが全てじゃない。みんなで力を合わせよう」って、アビシニアン推しさんに大切なことを教えてくれる相手です。
勝負事が好きなアビシニアン推しさんには、少し刺激に欠けるところもあるけれど、ミックス推しさんと一緒にいるなかで、人の温もりをありがたいと思えるようになるでしょう。

相手との相性は？

★☆☆　スコティッシュフォールド推しの相手
＊気持ちよく過ごすために、生活の見直しが必須

神経質なスコティッシュフォールド推しさん。
「電気はちゃんと消して」とか「予定が変わったなら報告して」とか、小さなことで、アビシニアン推しさんをチクチクトゲトゲ責め立てます。
細かい人は面倒だな…うんざりするあなた。どうすれば良いでしょう？
答えは簡単。言うことを聞きましょう。意識すれば直せることのはずだから。
スコティッシュフォールド推しさんは、あなたの生活を否定しても、あなたの性格を否定したりはしないのです。キチンとしたら、平和です。

★☆☆　ロシアンブルー推しの相手
＊気をつけて！うかつな言動は相手を傷つけます

何事もサッパリ引きずらないアビシニアン推しさんと違って、ロシアンブルー推しさんは、あなたにされたことの全てを、いついつまでも忘れません…。
だからロシアンブルー推しさんとの関係は、慎重に、誠実に。相手はあなたの全てを見ています。
でもそれぐらいあなたに関心があって、一途な人ってことですから、それを常に肝に銘じて！　ロシアンブルー推しさんとは、どんなことでも相手が納得するまできちんと話して、信頼関係を築きましょう。

★☆☆　ラグドール推しの相手
＊相手の反応をよく見るべし

ラグドール推しさんは従順なように見えて、実はとっても気分屋さん。
仲良しだと思っていたのに、ある日突然音信不通…なんてトンデモナイことも！
文句があるなら言ってよーと思っても、あとのまつり。
それってつまり、実のところラグドール推しさんがずっと無理して、強気なあな

たに合わせてたってこと。

そんなことにならないように、アビシニアン推しさん、相手の話も聞いてあげましょうね？ あなたほどの主張は無いけど、本当に仲良しな人には、ラグドール推しさん、けっこうしゃべりますよ。

★☆☆　ノルウェージャンフォレストキャット推しの相手
＊急がば回れ、相談必須

ノルウェージャンフォレストキャット推しさんといるときは、勝手にものを決めちゃダメ。あなたが何の相談もなしに何かを決めてしまったら、私は必要ないのねと、もう何も協力してくれません。

チャンスと見たらすぐ行動！のアビシニアン推しさんは、そのタイムラグにちょっとイライラ…。

だけどノルウェージャンフォレストキャット推しさんの協力って、強力なんですよね。計画性があるから、実現性が高いのです。

ここはぜひ、仲良くやっていきたいところ。急がば回れです。

☆☆☆　ペルシャ推しの相手
＊あなたはチャレンジ、する？

ペルシャ推しさんの言うことは、いつも客観的で、さらっとスマート。

反対意見すら、「意見がぶつかっている」感じがしなくて、アビシニアン推しさんにはまるで手応えがありません。

でも、アビシニアン推しさんをさらっとかわせるペルシャ推しさんって、いったいぜんたいどんな人なの？？

複雑でよくわからない相手に、あえて向き合い知ろうとすることを、面倒くさいと思うのか、やってやろうと思うのかはあなたの自由です。

あなたはペルシャ推しさんと向き合うことに、チャレンジしますか？

相手との相性は？

救済ねこアイテム
「つめとぎ」
楽しいお付き合いを運んでくれる「西」の方角に

苦手な相手が現れたらチャレンジ！
自分の個性、もっともっと磨いてやりましょうよ！

ときに複雑で、スッキリいかない世の中。
そしてそんな世の中を映し出す鏡のようなペルシャ推しさん。
そんな相手に「ああ！ こんなことを気にして時間を使うなんて、ムダすぎる！」
スパッと白黒つけたいアビシニアン推しさんのストレスレベルは急上昇！
スッキリいかない相手と出会ったら、スッキリ爽快！を提供するねこアイテム、
「つめとぎ」をおすすめします。
これを、楽しいお付き合いを運んでくれる「西」の方角に置いてみましょう。

さてさて、相手があなたの神経をガリガリ　ガリガリ…しはじめたら、つめとぎ
しているねこにあなたのストレスを重ねて…こなくそ　こなくそ…！
はい。これであなたのイライラは浄化されるはず。
つめとぎ終了ってときのねこの顔、見てください。「はー、スッキリした！」って顔、
してますよね。おやおや、あなたと同じ顔。（笑）

ねこが爪をといで磨くように、常に自分を磨いていきましょう。
簡単で気楽な人間関係ばかりだと人間性は磨かれませんもの。
苦手な相手が現れたらチャレンジ！
いろんなタイプの人と向き合うのも自分のため。
自分の個性、もっともっと磨いてやりましょうよ！

No.2● アメリカンショートヘア推しのあなた×相手との相性は？

あなた：アメリカンショートヘア推し
×
相手：（　　　　　　）推し

★★★　**アメリカンショートヘア推し同士**
＊変わらぬ愛を誓える、あったかい相性

お互いを想い合い、譲り合うことができるアメリカンショートヘア推しさん同士。春の日差しのような、あたたかな好相性です。
いついつまでも変わらない、愛と平和を誓いましょうか。ただし、「変わること」にはめっぽう弱いアメリカンショートヘア推しさん同士ですから、環境に何か変化があるときがさあ大変！　みんなが「それは良いことだよ」って言ってくれる変化なら、頑張って受け入れましょう！　二人手と手を取り合って。

★★★　**スコティッシュフォールド推しの相手**
＊やさしさに感謝して、平和な関係を

争いごともなく、平和に過ごせる好相性。
スコティッシュフォールド推しさんは「おとな」な人。あなたの気持ちを大切にして、優先してくれることでしょう。
アメリカンショートヘア推しさんは常識的。ワガママを言いませんから、スコティッシュフォールド推しさんを困らせません。
そうやってお互いに相手を思い、心配りができるねこ推しさん同士だからこそ、とってもうまくいくんですね。
お互いのやさしさに感謝を忘れないで、末永いお付き合いを。

相手との相性は？

★★★　ノルウェージャンフォレストキャット推しの相手

＊愛情表現が、絆をもっと強くする

誰にも引き裂くことができないような、固い絆が結べる相手、それがノルウェージャンフォレストキャット推しさんです。

なぜって？　だってお互いに真面目なキャラクターの持ち主ですから、相手の信用を失うような、イケナイコトはいたしませんもの。

責任感の強いノルウェージャンフォレストキャット推しさんと、「変わらない」アメリカンショートヘア推しさん。

ね？ 二人の絆、固いでしょ。

そのうえさらに、愛情表現を豊かにしたら…もっと絆が深まりそう！

★★☆　ラグドール推しの相手

＊不思議だけれど、付き合いやすい相手

物腰のやわらかいラグドール推しさんは、アメリカンショートヘア推しさんにとって、とっても好印象な人。

やさしげだけど、つかみどころがない。まるで綿菓子みたいなラグドール推しさんに、不思議な魅力を感じます。

ただ少し、つかみどころがなさすぎて、「本当の気持ち」がわからない。

ラグドール推しさんは、私のことをどう思っているのだろう？

アメリカンショートヘア推しさん、根気よ〜く付き合えば、だんだんわかってくるはずです。あなたのこと、とても気に入ってるってこと。

★★☆　ミックス推しの相手

＊仲良しすぎちゃって困っちゃう!?

穏やかで、人が大好きなミックス推しさん。

同じく穏やかなアメリカンショートヘア推しさんにとって、ミックス推しさんは、

とっても付き合いやすい人。ただちょっと、ミックス推しさんは、かなりの「かまってちゃん」。もうちょっと、ほっといてくれてもいいかな〜？なんて…。贅沢な悩みですよね。気に入られてる証拠なのだから！
そんなわけで、アメリカンショートヘア推しさんは今日も、ミックス推しさんとべったり一緒にいるのです。

★★☆　アビシニアン推しの相手
＊弱点克服！　最高のギブアンドテイク

アビシニアン推しさんと一緒にいれば、アメリカンショートヘア推しさんの「弱点」が一つ、克服できます！
アメリカンショートヘア推しさんの弱点は、変化に弱いこと。対するアビシニアン推しさんは、変化に強いっ！　変化をチャンスにして、颯爽と生きています。そんな相手といることで、変化のメリットを知っていこうってわけ。
アメリカンショートヘア推しさんはアビシニアン推しさんに、「落ち着きとやすらぎ」を与えてあげて。ギブアンドテイク、成立ですね☆

★★☆　シャム推しの相手
＊熟年夫婦!?　安定感のある相性

にぎやかなシャム推しさんと一緒にいると、とっても楽しい♪
気配り上手なアメリカンショートヘア推しさんと一緒にいると、なんだか安心♪
お互いさらっとフレンドリーで、人づきあいが上手なねこ推しさん同士。
あっという間に気が合います。
ただ、付き合いが長くなると、相手に慣れてしまってマンネリ感が…。
理由は、アメリカンショートヘア推しさんの変化のなさと、シャム推しさんの飽きっぽさ。
仲良しだからって、あぐらをかいてちゃいけませんよ。

相手との相性は？

★☆☆　ペルシャ推しの相手
＊気遣いが重たい…ちゃんと伝えて良い関係に

察しの良いペルシャ推しさん。とっても付き合いやすい人で、すぐに仲良くなったものの…、問題は、ペルシャ推しさんの気遣いが重たいこと。

退屈させないように気を遣って、いろんなことを提案してくれたり、相談事をすれば「じゃあこうすれば？」と適切なアドバイスをくれたり…。ありがたいけど、そこまで求めていないのです。

そんなときは、「何もしなくていいんだよ」って伝えてあげましょう。

いつも「何かしてあげなきゃ」と気を遣っていたペルシャ推しさん、あなたの主張にビックリするでしょうけれど、きっと納得してくれますよ。

★☆☆　ベンガル推しの相手
＊ハイテンションな日常を、あなたは楽しめる!?

見ているだけで疲れちゃう!? ハイテンションのベンガル推しさん。

安全第一なアメリカンショートヘア推しさんからすると、後先を考えない、無鉄砲なベンガル推しさんは、理解の範囲を超えた存在です。

あんなふうに生きても良いんだ…。ある意味感心しちゃいますけど。

思い切って仲良くなれば、もれなくそのハイテンションな日常にまきこまれますが、何か？（笑）そうなったらもう、楽しむしかありません。

ベンガル推しさん、明るくて、いい人なんだけどなぁ〜…。

★☆☆　メインクーン推しの相手
＊レッツトライ、華やかな世界

なんだか住む世界が違うみたい。

メインクーン推しさんは華やかで目立ちたがり。穏やかな日々を好むアメリカンショートヘア推しさんからすると、なんとなく落ち着かなくて、苦手な雰囲気。

それでももし、仲良くやっていけたなら…、交友関係がぐぐっと広がって、日常生活に華が咲くかも。その分、忙しくはなりそうだけどね…。
覚悟を決めて、イメージチェンジしてみます？

★☆☆　**マンチカン推しの相手**
＊もめ事ではなく改革です。参加しますか？

マンチカン推しさんは個性的。価値観が違う…と申しましょうか。考え方が独特で、とまどってしまいます。
何より一番とまどうのが、世の中の流れに逆らって、そんなのおかしいって声をあげるマンチカン推しさんの「反骨精神」。
わざわざもめ事を起こすなんて考えられない。穏やかなアメリカンショートヘア推しさんは思います。
だけど付き合ってみると、社交的で楽しいのがマンチカン推しさん。
「世の中をもっと良くしたいんだ！」って志、応援してあげましょう。

☆☆☆　**ロシアンブルー推しの相手**
＊冷戦終結はいつの日か…

アメリカとロシアの抗争…アメリカンショートヘア推しさんとロシアンブルー推しさんは、「冷戦」状態になりやすい関係。
だってどっちも、自分から自分の腹の内、つまり「心」を見せないから。
「あなたが先に見せなさいよ。あなたが見せたら、私も見せるつもりなんだから。」って、ぜんぜん進歩がないんです。
実は両思いの人たちが、相手の愛情を確かめたくて、向こうから好きって言ってくれるのを待ってる感じに似ています。
ん？実は、好き好き同士かも？？

相手との相性は？

救済ねこアイテム

「キャットハウス」
ポカポカあったか～い「南」の方角が最適

**自分の方から腹を割って！
相手はきっと、あなたのアプローチを待っています**

ロシアンブルー推しさんとの、壮絶な腹のさぐり合い…。
はあ…、外の世界って、疲れますね。
平和な暮らしを望むあなたに、外での疲れを癒やす快適なお家は、なくてはならないもの。

そんなあなたにピッタリの救済ねこアイテムは、「キャットハウス」です。
ねこにも快適なお家を与えて、ねこと一緒に、運気を上げていきましょう！
「キャットハウス」の設置場所は、ポカポカあったか～い「南」が最適。
人気運が上がります。
人気運を上げて、ちょっと大胆な気持ちになったあなた。気になっているのになかなか本音でアプローチできなかったロシアンブルー推しさんに、自分の方から腹を割って、お話ししてみましょうよ！
相手はきっと、あなたのアプローチを待っています。

うまくいかなかったらどうしようなんて、考えるだけ、ムダムダ。
大丈夫。あなたには、あったか～い、帰る場所があるんですから。
あなたのねこも、ポッカポカの「キャットハウス」から、大好きなあなたを応援してくれていますよ！

No.3 シャム推しのあなた×相手との相性は？

あなた：シャム推し
×
相手：(　　　　　　)推し

★★★　**シャム推し同士**
＊どんどん広がる交友関係に、大満足

あっと言う間に仲良くなって、上手に付き合っていける好相性。
社交的なシャム推しさん同士、どんどん広がる交友関係に、毎日が充実しそう。
器用なシャム推しさんは、どんなに忙しくてもお互いのペースをちゃんと尊重できるから、もう完璧☆　ただしお互い、重たい関係が苦手です。
たった一人、あなただけにかかりっきりってわけにはいかない性格、ふつうはなかなか許してもらえないけれど…。シャム推しさん同士だから許される、交際の自由がある！　なんともありがた〜い。

★★★　**ペルシャ推しの相手**
＊まさかまさかの、ずっと一緒にいたい人！

ペルシャ推しさんとの交流は、いつも新鮮。ワクワクがいっぱいです♪
あの飽きっぽいシャム推しさんが、ずっと一緒にいたいって思える相手、それがなんとペルシャ推しさん！
相手が興味を持ちそうなことを積極的に提案してくれるペルシャ推しさんは、一緒にいる相手を飽きさせない人。
そのうえクールなペルシャ推しさんは、ひっつきすぎず、離れすぎない絶妙な距離感で付き合ってくれますから、シャム推しさんからすると物分かりが良くて疲れない、とっても快適な相手なのです。

相手との相性は？

★★★　マンチカン推しの相手
＊面白くって快適な、絶妙の関係

新しいもの好きなシャム推しさんは、鋭い感性を持つ、個性的なマンチカン推しさんが面白くって大好きです。

お互いに、いろんな人との交流を楽しめるねこ推しさん同士、刺激的で飽きません。そのうえ自分の趣味の世界にも忙しいマンチカン推しさんは、ひっつきすぎず、離れすぎない絶妙な距離感で付き合ってくれますから、シャム推しさんはとっても快適♪

…サラッとさわやかに付き合いましょ！

★★☆　アビシニアン推しの相手
＊提案と実行で、充実した毎日

行動力バツグン！　やりたいことがハッキリしているアビシニアン推しさんは、勢いがあってたくましい人。

手際の良いシャム推しさんと、やりたいことをどんどんやっていく！
刺激的で、充実した日々が過ごせそうです。

それでも、ずっと一緒にいれば相手の勢いに慣れてきて、ワンパターンに思えちゃうのが、アイデアマンのシャム推しさんかな。

それならもうひと工夫。次はこうしてみない？って、新しい企画を提案してみて。よしやろうってスグに乗ってきてくれますよ！

★★☆　メインクーン推しの相手
＊情報を教えてあげて、レッツパーティー♪

毎日が、パーティーだ！
親分肌で仲間思いのメインクーン推しさんと、みんなでワイワイ楽しむのが大好きなシャム推しさん。人間関係の輪は、もっと大きく広がりそう！

なーんて期待してるんだけど、おやおや？ ときに支配的なメインクーン推しさんさん、自分が気に入ってるからって、同じ仲間と同じ店にばかり行ってるんじゃない!? そんなときは、情報提供。最近こんなお店ができたよとか、こんな面白い人と出会ったよとか。きっと興味を持ってくれるでしょうから、どんどん教えてあげましょう。アクティブな関係が続きますように♪

★★☆　アメリカンショートヘア推しの相手
＊ほっと一息、くつろげる関係に

どんなに外の世界が楽しくても、帰る家は必要です。
シャム推しさんだって、たまにはゆっくりくつろぎたいわけで…。
そこに登場するのが、ザ・スローライフなアメリカンショートヘア推しさん。
「まぁまぁそこに座りなさいな。お茶でも入れましょうね〜。」って言ってくれる。
こういう時間って、誰にだって必要ですね。
いつもべったり一緒にいなくても、今日あった出来事を聞いてもらえれば、ほっと一息、くつろげるから不思議です。

★★☆　ラグドール推しの相手
＊良いように受け取って、ほがらかなひとときを

刺激的な人間関係も面白いけど、ほがらかな人間関係も悪くない。
まったり生きるラグドール推しさんに、シャム推しさんは不思議と退屈を感じません。
自然体のラグドール推しさんとは、会話もはずみます。
シャム推しさんは言いました「…てなわけで、今度その人に会ってみない？」
ラグドール推しさんが返します「わぁ〜♪　遠慮しとく〜。」
え!?　って感じになるかもしれませんけど。（苦笑）
ラグドール推しさんは刺激に対して腰が重いのです。
良い良い、そっとしておけば平和です！

相手との相性は？

★☆☆　ロシアンブルー推しの相手
＊一生添い遂げる覚悟で付き合って！

お、重い…。なんだ、この厳粛（げんしゅく）な空間は…。シャム推しさんに戦慄（せんりつ）が走ります。
特定の人にしか心を許さないロシアンブルー推しさんは、「軽〜いお付き合い」
など論外です。
「どこに遊びに行くつもり…？　誰と…？」
ロシアンブルー推しさんに冗談は通じません。
一生添い遂げる。その覚悟がないならば、近づいてはいけません。
一生添い遂げる。その覚悟があるならば、こんなに信頼できる人はいませんよ！

★☆☆　ノルウェージャンフォレストキャット推しの相手
＊古き良き…を理解して近づこう

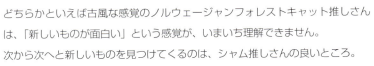

どちらかといえば古風な感覚のノルウェージャンフォレストキャット推しさんは、「新しいものが面白い」という感覚が、いまいち理解できません。
次から次へと新しいものを見つけてくるのは、シャム推しさんの良いところ。
だけどノルウェージャンフォレストキャット推しさんの前では、その価値を失ってしまうのです。
でもくじけないで。相手が関心を寄せる、古き良き伝統に沿った最新情報で話題を広げていきましょう。

★☆☆　スコティッシュフォールド推しの相手
＊何かするときは、計画書の提出を…

スコティッシュフォールド推しさんは計画的。何かするときは、予定をきっちり組んでいます。
だからあなたが、あっちにフラフラ♪こっちにフラフラ♪…ノリや気分で好き勝

手に動いてしまうとストレス爆発！
「なんでそんなにイライラしてるの!?」悪いことをしたつもりがないシャム推しさんはあたふた…。
スコティッシュフォールド推しさんは完璧主義ですからね。「想定外」にふりまわされるのは嫌なんです。わかってあげてくださいね。

★☆☆　　ミックス推しの相手
＊おとぎ話をリアルに再現!? できるかな？

ミックス推しさんは夢見がち。あなたに自分の夢や理想を重ねます。
難しいのは、それが無意識だってこと。
何を期待しているの？何をしてほしいの？いくら聞いても、具体的な答えは返ってきません。
だってミックス推しさんが夢見てるのは、あなたがおとぎ話に出てくるような、やさしい王子様（もしくはお姫様）であることだから…。
この関係がうまくいくかどうかは、あなた次第。
シャム推しさん、ミックス推しさんの願い、叶えてくださる？

☆☆☆　　ベンガル推しの相手
＊話がチグハグ！ どうやってあわせるの??

世の中にはいろんなものの見方があります。
こっちの道が近いよとシャム推しさんが教えたとして、どうして近道を通るの？と聞いてしまうのがベンガル推しさん。
「近いからだよ。」「近いから、何？」考え方が、違います
それに知識の幅が広いシャム推しさんと違って、ベンガル推しさんの興味の範囲は、けっこう狭い。だからシャム推しさんの話のほとんどが、ベンガル推しさんにとって興味のない話に…。ああ、なんってことだ！
積極的で愛嬌がある二人は、気が合いそうな感じなのに…。

相手との相性は？

救済ねこアイテム

「ハイテクおもちゃ」
ものごとの継続と変化を応援してくれる「北東」の方角に

おなじものを見て、一緒に驚いたり感動したり。
ステキな接点を作りましょう！

ベンガル推しさんとの接点がつかめずガッカリ…。どうしたものか？
そんなシャム推しさんにおすすめの救済ねこアイテムが、「ハイテクおもちゃ」。
これを、「北東」の方角に広げてみましょう。
この方位の、ものごとの継続と変化を応援してくれる力を借りたいのです！

情報通のシャム推しさんなら、もうすでに知っているかもしれませんが、ねこのおもちゃも日々進化していますよね。
ねこじゃらしもネズミさんも、今や電動！ 勝手に動く！
なにやらサーキットコースを組み立てて遊ぶものまでありますよ。
いまどきの「ハイテクおもちゃ」で遊ぶねこときたら、まるで人間の子供のよう～♪

「ハイテクおもちゃ」一つとっても、おもちゃの進化に驚く人もいれば、遊んでいるねこに驚く人もいますよね。
ものの見方は十人十色。
でも、お互いおなじものを見て、一緒に驚いている！
ほら、すごい接点ができました♪
あなたと仲良くしたい。その気持ちがあれば、考え方の違うところが妙に愛おしく、魅力的に見えてきませんか？

No.4 ラグドール推しのあなた×相手との相性は？

あなた：ラグドール推し
×
相手：(　　　　　)推し

★★★　**ラグドール推し同士**
＊不思議な愛情表現!?　でも通じ合う
　かけがえのない存在

のんびり過ごしたいラグドール推しさん同士、何も気を遣うことなくマイペースに過ごせます。
気が向いたときだけ一緒にいるという友情や愛情があることを、お互いがわかっていますから、誰よりも貴重で、かけがえのない存在。
「じゃ、今引きこもりたい気分なんで、連絡とかはしばらくナシで。」
「わかったわかった。」まわりから見たら、とてもわかりにくい愛情表現です。
仲、良いんだよね？　ものすごく、良いんですよ。

★★★　**ロシアンブルー推しの相手**
＊深い理解のまなざしで見守ってくれる相手

相手を深く理解して、いつまでも変わることなく友達で、恋人でいてくれる、ロシアンブルー推しさん。どちらかといえばおとなしいラグドール推しさんが、安心してわがままを言える相手です。
ラグドール推しさんのわがままは、ちょっと特殊。
「放っといて、でも完全には放っておかないで。」てな感じ…。
だけどロシアンブルー推しさんは、わがままを言われた程度で相手への気持ちを変えません。そっと見守っていてくれます。もう感謝しか、ありませんね。

相手との相性は？

★★★　ミックス推しの相手
＊大発見！ この距離感を求めてた

そうそう、ちょうどこんな感じを求めてた！
ラグドール推しさんの人付き合いにピッタリハマるのが、ミックス推しさん♪
ラグドール推しさんは、気分屋さん。放っておかれるのは嫌だけど、干渉されるのも嫌なのです。
その点ミックス推しさんは、誰かと一緒にいられたらそれで十分。相手のやっていることには、ほとんど干渉しません。
求めてた距離感はコレだったんだ！ ラグドール推しさん、大発見です。

★★☆　アメリカンショートヘア推しの相手
＊自分の時間をたくさん持てる、ほど良い関係

私はこの道を行く。方針がブレないアメリカンショートヘア推しさん。
干渉されるのを嫌うラグドール推しさんにとって、パートナーが穏やかで、自分のことは自分でできる自立した人だと、本当に助かります。
心おきなく自分の時間が持てるから♪
ただ少し贅沢を言えば、アメリカンショートヘア推しさんって穏やかすぎて、本当に刺激がないんだよね〜。
「私のこと忘れてないよね!?」時々確認しちゃう、あなたです。
相手には、あなたの存在が良い刺激になっているようですけれど。

★★☆　スコティッシュフォールド推しの相手
＊感謝する！するから愛よ、覚めないで

スコティッシュフォールド推しさんは、まるで「お母さん」みたい♪
ラグドール推しさんにとって、夢のような存在です。
だってラグドール推しさんの個性を認めてくれて、自分らしくあることを応援し

てくれて、おまけにお世話もしてくれるんですから！

どうしてそこまでしてくれるの!?　それはラグドール推しさんが「かわいい」からです。なんだか頼りなげで、ピュアな感じなんですもの…。

でも、応援をしてくれていることに感謝しないと、スコティッシュフォールド推しさんの愛、覚めちゃいますよ〜。（笑）

★★☆　シャム推しの相手
＊バレてたの？でもその気遣いがありがたい

ラグドール推しさんが何もしなくても、楽しい時間を作り上げてくれるのが、エンターテイナーのシャム推しさん。

しかも、シャム推しさんはサッパリした人。気を遣わなくても良いので助かります。

人あたりの良いラグドール推しさんは、実はそんなに共感していなくても、ふわっと話を合わせられる柔軟な性格、なんですが…。

たぶん、シャム推しさんにはバレてます。だけどそうやってあなたが合わせてくれてる事がうれしいようで、気づかないフリ、してるんですって☆

★★☆　メインクーン推しの相手
＊必要なときにだけ、私を助けて

メインクーン推しさんは、典型的なパワフル世話焼きタイプ。

ラグドール推しさんがぼ〜っとしていると、はいコレして次はコレする！

テキパキテキパキ、あなたを構います。

干渉されるのが嫌いなはずのラグドール推しさんが、うう、はい、やりマス…。

言うことを聞いてしまうのは、それが確かに必要な助言だから。

メインクーン推しさんは、なんでもかんでも干渉してくる人ってわけではありません。

必要なときにだけ、助けてくれる。ラグドール推しさんのヒーローです。

相手との相性は？

★☆☆　ベンガル推しの相手
＊誤解なの…ホントはのんびり過ごしたい

おーい頑張れ！ あきらめるなー！ ベンガル推しさんはいつも前向き大変元気。そしてあなたを振り回す人…。

楽しい時間を提供しようとしてはくれているのだけど、ベンガル推しさんが大好きなハードな遊びばっかりで…。

あぁ本当は、のんびり過ごしたい…。

相手のノリに、なんとな〜く合わせていたら、すっかり誤解されてしまいました。次に会うときは正直に、自分の意見を言いましょうね。

★☆☆　マンチカン推しの相手
＊許してね？　今さら訂正　ごめんなさい

否定するのが面倒なラグドール推しのあなた。

なんとなく、話を合わせてしまったが最後。おお同志よ！ と、目をキラキラさせて猛アタックをかけてくるのが、こだわりの人、マンチカン推しさん。

もういいですその話…。実はそんなに興味がないのっ…！ そう思っても、あとのまつり。

中途半端に話を合わせちゃいけません。興味がないなら興味がないで良いのです。ごめんという一言をそえて、きちんと訂正してください。興味がないって。

マンチカン推しさんはそんなことで傷つくような、柔(やわ)な人じゃありませんから。

★☆☆　アビシニアン推しの相手
＊自己主張で、うまくいく!?

何を考えているのかわからない。ラグドール推しさんの心の中は、アビシニアン推しさんにはさっぱりわかりません。

わからない人は、放っておこう！ アビシニアン推しさんは、あなたを気にする

ことを放棄。自分のことに集中しちゃいます。
このお相手と良い関係を結ぶには、あなたがしっかり自己主張をしなければなりません。アビシニアン推しさんは自分のことで忙しい人。主張をしなければ、構ってはくれないのです。思い切ってズバッと主張すれば、速攻で反応してくれますよ！

★☆☆　ペルシャ推しの相手
＊ビックリ！　わがままを言った方がいい!?

何を考えているのだろう？　ラグドール推しさんの心の中は、つかみどころがありません。
ペルシャ推しさんは察しが良いはずなのに、どうしてでしょう？
理由はあなたの、ふわっと曖昧な態度。
ペルシャ推しさんは相手の立場になってものを見る人。だから相手であるあなたが曖昧な感じだと、どう合わせれば良いのか、わからなくなってしまうんです。
たとえわがままでも、ズバッと言ってしまった方が案外うまくいきますよ。

☆☆☆　ノルウェージャンフォレストキャット推しの相手
＊あなたは知らない超常現象…

働き者のノルウェージャンフォレストキャット推しさんは言いました。
「またのんびりして…。君はなぜ、そうお気楽に生きられるのだ。」
できればまったりしていたいラグドール推しさんが答えます。
「いえ、心配事はありますが、心配しても仕方がないのでやめたのです。」
「そんな暇があるんだったら、努力をするべきでは…？」
ノルウェージャンフォレストキャット推しさんのおっしゃることはごもっともでございます。しかし世の中には、頭ではわかっているけど、身体が動かないという現象があることを、ご存じでしょうか？
まったく話がかみ合わない二人です。

相手との相性は？

救済ねこアイテム

「座布団」
母のようにやさしい包容力を持つ方角「南西」に置いて…

**気持ちよ〜くゴロゴロしたら、
本心を言ってしまって楽になりましょう**

その辺でゴロゴロしてもどこか寝ごこち悪いわ、ノルウェージャンフォレストキャット推しさんには、だらしないと怒られるわで、もぅさんざん。
ラグドール推しさんにだって意地があります。
だったらもう、ちゃんとした所でゴロゴロしてやる！

ってなわけで、意地でもゴロゴロしたいあなたにピッタリのねこグッズは「座布団」。
これを、母のようにやさしい包容力を持つ方角、「南西」に置いて…。
従順なこの方位の力に守られながら、ねこが気持ちよ〜くゴロゴロしてたら、あなたの気持ちもふっわふわ〜♪
家庭運が上がります。

幸せだなぁ…。こんなに幸せなんだから、のんびりするのってそんなに悪いことじゃないんじゃないかな〜。
そう思うなら、本心を言ってしまって楽になりましょう。
「私はあなたのようにはなれません。参りました！」ってね。
実はこれが、案外うまくいくんですよ〜。
なぜなら、ノルウェージャンフォレストキャット推しさんは、自分のことを認めてくれた…！って相手には、非常にやさしいので。

No.5 メインクーン推しのあなた×相手との相性は？

あなた：メインクーン推し
×
相手：(　　　　　)推し

★★★　メインクーン推し同士
＊あなたがいれば、勇気１００倍

「いいね！」って、自分の意見に賛成してくれる人がいることが、メインクーン推しさんの元気の源。
同じねこ推しさん同士、考え方も似ている二人は、そりゃあもちろん意気投合。かけがえのない仲間となることでしょう。
仲間がいれば、勇気１００倍！　自信だってみなぎってくる！
ただし、自慢話は控えてね。メインクーン推しさんのライバル心に火を付けたら、仲間とだって本気で張り合います。
自分が勝つまでゲームをやめない、熱い人ですから。

★★★　アビシニアン推しの相手
＊熱いハートで、でっかいことやろう！

熱〜いハートを持つ仲間！
リーダーシップに定評のあるメインクーン推しさんが、「頼もしい！」と思えるくらい決断力があってたくましいアビシニアン推しさん。
お互いに、言いたいことはハッキリ主張できて、どんなことにも全力で取り組む、カッコイイねこ推しさん同士。熱い二人が協力し合えば、なんだかでっかいことをやってのけれそう！　アビシニアン推しさんが、あなたを頼りたくなるくらい大きなイベント、立ち上げちゃいましょ！

相手との相性は？

★★★　ベンガル推しの相手
＊人生って楽しい！ エネルギーいっぱいの関係

パワフルな自由人、ベンガル推しさんのエネルギーに触発されて、メインクーン推しさんのパワーも増大！
明るいベンガル推しさんと一緒にいると、すごく前向きな気持ちになれるから、「そうか、人生はもっと楽しめるんだ！」未来がキラキラして見えます☆
さあどこ行こう!?　何しよう!?
いい感じにワクワクしてるというのに、協調性のないベンガル推しさんときたら、一人どこかへ行こうとしています。「コラコラ、今は一緒にいる時間！」
言えばそうしてくれるので、あんまり怒らないでね？

★★☆　シャム推しの相手
＊みんなまとめて大満足♪

絵に描いたような、理想的な交流が♪
シャム推しさんはエンターテイナー。相手を喜ばせるにはどうすればいいのかを、よ～く心得ています。
仲間思いのメインクーン推しさんは、みんなを楽しませるのがうまいシャム推しさんに大注目！
二人が力を合わせれば、大切な仲間たちも、みーんなひっくるめて大満足♪
毎日一緒にいたいけど、お互い予定がいっぱいなのが、唯一の難点かな。

★★☆　ペルシャ推しの相手
＊実は妬いちゃう!?　押して押して押しまくれ！

メインクーン推しのあなたは、人付き合いがとってもスマートなペルシャ推しさんのことが大のお気に入り♪
ちょっと気になるのは、社交的なペルシャ推しさんには、メインクーン推しさん

以外の友人知人がまだまだいっぱいいそうだな〜…なんてこと。
人に対する思い入れが強いメインクーン推しさんは、実はけっこうヤキモチ焼き。相手の知らない一面に、どうにも嫉妬してしまうのです。
こうなったらもうペルシャ推しさんのスケジュール帳、全部私の予定で埋めてやる！ メインクーン推しさんの押しの強さが炸裂します。

★★☆　ラグドール推しの相手
＊かわいいラグドール推しさんにメロメロ！

母性本能をくすぐる、かわいらしいラグドール推しさん。
人助けが大好きなメインクーン推しさんは、頼りなげな人を放っておけません！
「頼りなげって…あの、普通にしてるだけですけど？」ラグドール推しさん、そこはもう黙っておこう。メインクーン推しさん、はりきっちゃっていきいきしているんだから。
なんだかんだいって、お世話を焼いてくれるあなたを、ラグドール推しさんは頼りにしています。これからも、何かあったら面倒をみてあげて。

★★☆　スコティッシュフォールド推しの相手
＊頼りになる相談役に、すっかり甘えて

スコティッシュフォールド推しさんは、頼りになる相談役。
良い妻のお手本のような性格で、控えめながらしっかり者です。
落ち着いた大人の雰囲気にすっかり甘えて、メインクーン推しさんは、まるで子供に戻ったみたいにくつろげます。
注意点は、相手の欠点を指摘しないこと。意外にプライドが高いスコティッシュフォールド推しさん。思いのほか、グサッとくるみたい。
なぜか急に冷たい態度をとってきたら…、メインクーン推しさん、何か口をすべらせたんじゃない!?

相手との相性は？

★☆☆　ノルウェージャンフォレストキャット推しの相手
＊フレンドリーに接して、ピリピリを解消

上からものを言わないで。プライドの高いノルウェージャンフォレストキャット推しさんと仲良くなるのは、けっこう難しい。お互い「立場」を気にしますから、この関係、どっちが上か？なんていうことにこだわってしまって、非常にピリピリ…。
でも安心してください。関係を良くする方法は、とってもシンプル。
「フレンドリー」に接してあげればいいのです。
相手はあなたと張り合いたいわけではありません。こちらがフレンドリーに接すれば、ホッと安心。あなたの気持ちにちゃんと応えてくれますよ。

★☆☆　ミックス推しの相手
＊私の順位は何番目？

ミックス推しさんのスタンスは「みんな大好き」。
良いことではあるのだけれど…、メインクーン推しさんはちょっと不満です。
「私のこと、何番目に好きなの？」メインクーン推しさんは、一番じゃないとダメなんです！
だけどそんなふうに順番をつけさせるのは、ミックス推しさんに対して厳しすぎるかも。そう深く考えずに、仲良くしてあげてほしいものです。
「あなたも一番！」それでいいじゃないですか。

★☆☆　アメリカンショートヘア推しの相手
＊お家にあげてもらえれば、望みあり

テコでも動かない。アメリカンショートヘア推しさんの腰は、超重い！！
人当たりは良いのに、遊びに誘っても、なかなか動いてくれません。
本当は、私のこと嫌いなのかしら!?　メインクーン推しさんのイライラがつのり

ます。
そんなときは、「あなたの家に行ってもいい？」って聞いてみて。
アメリカンショートヘア推しさんは、家でのんびり過ごすのが好き。遠出したり、気を張るお店に行ったりは、たま〜にで、十分なのです。
でも、それすら断られてしまったら……ご、ごめんなさい…。（涙）

★☆☆　ロシアンブルー推しの相手
＊ためらわないで、根気よく接していきましょう

とっても警戒心の強いロシアンブルー推しさん。
頼れるリーダー、メインクーン推しさんも、さすがに自分のことを警戒している相手と関わるのはためらってしまいます。
でも、あなたが声をかけなかったら、一途で深い愛情を持つロシアンブルー推しさんとの接点は、いよいよなくなってしまうでしょう…。
大丈夫。ゆっくり時間をかけさえすれば、だんだんと距離は縮まります。警戒心からよそよそしくされたとしても、人を見下したり、軽くあしらうロシアンブルー推しさんではありません。根気強く時間をかけて接していきましょう。

☆☆☆　マンチカン推しの相手
＊一人そっぽを向く、気難しい人

自分の価値観を信じ、人の意見に流されることのないマンチカン推しさん。
仲間との関係性を大切にするメインクーン推しさんには、みんなの流れに逆らってでも、自分の考えを貫くマンチカン推しさんの気持ちがわかりません。
みんなと一緒に何かをするって、とっても楽しくて有意義なことなのに。
仲良くしようと誘っても、みんなの輪の中に入ろうとしない、気難しいマンチカン推しさん。
一人でいる方が良いなんて、変な人…。
メインクーン推しのあなたには、さっぱり理解ができない相手です。

相手との相性は？

救済ねこアイテム

「ねこのおやつ」
二人っきりのタイミングで、
信用や信頼の運勢を上げてくれる「南東」に

気になるあの人は、あなたにそっぽを向いているわけではなく…
二人のときにお誘いしてみて♪

相性ダメダメのマンチカン推しさんとの関係、実はここで、メインクーン推しさんにうれしいお知らせ。
あなたは苦手な相手と、二人っきりでお話ししたこと、ありますか？
不思議なことに、あなたとマンチカン推しさん、二人きりだと楽しくお付き合いができる可能性…大！

実は、マンチカン推しさんは、あなたにそっぽを向いているわけではないのです。
グループに入るのが苦手…ってだけなんです！！
なので今度、二人のときにお誘いしてみて♪
メインクーン推しさんにお役立ちなねこアイテムは、「ねこのおやつ」。
ねこと二人っきりのタイミングであげてください。
吉方は「南東」。人からの信頼を引き寄せてくれる方位です♪

コミュニケーションに、食事はつきもの。
食べ物をふるまうのは、もっとも基本的な仲間への心遣いです。
「おいしいものがあるよ♪」って言えば、誘いやすいし、相手も行きやすい。
でも、「おやつ」はあくまでも、ただのキッカケ。
人ともねことも、本当の信頼関係は「おいしいもの以外の部分」で築いてくださいね。

No.6 スコティッシュフォールド推しのあなた×相手の相性は？

あなた：スコティッシュフォールド推し
×
相手：(　　　　　　)推し

★★★　スコティッシュフォールド推し同士
＊相性、余裕で大合格

しっかり者のスコティッシュフォールド推しさんの幸せは、上質な日々の暮らしから。地に足の着いた落ち着きのある生活ができれば、毎日完璧…！充実と共に幸せを感じます。
その点、同じねこ推しさん同士。日常生活をより良いものにするために、お互い、高い意識を持っています。ですから相性、余裕で大合格！ま、性格が多少合わなくっても、だらしがないとか、意識が低い人でなければ、合わせてあげられるのがしっかり者のスコティッシュフォールド推しさんなんですけどね！

★★★　アメリカンショートヘア推しの相手
＊快適な生活と交際の、ダブル保証！

文句なしの好相性！
アメリカンショートヘア推しさんも、スコティッシュフォールド推しさんと同じく、落ち着きのあるねこ推しさん。
規則正しくきちんとした生活スタイルを守り、平和で穏やかな時間を共有することができるでしょう。
快適な生活と、平和な交際が、ダブルで約束できるんですね♪
ただし、アメリカンショートヘア推しさん、自分の「センス」に関しては、どう口を出しても変えません。そこは個性。楽しみましょう。

相手との相性は？

★★★　**ノルウェージャンフォレストキャット推しの相手**
＊どう考えても理想の相手

お互いの生き方を尊重し、そして協力し合える好相性。
ノルウェージャンフォレストキャット推しさんは、スコティッシュフォールド推しさんの理想とする、規則正しく完璧な暮らし方、生き方を否定することはまずありません。相手はまさに、自分と同じ「しっかり者」。なんにでも真面目に取り組むし、ルールは守るし、向上心だってすごくある！
真面目すぎて面白味がないって言う人がいるけれど、安定を求めるスコティッシュフォールド推しさんにとっては、「そこがまたステキ！」

★★☆　**ラグドール推しの相手**
＊まるで親子のよう!? 親密に関われる相手

なんだかもう、親子みたいな関係!?
ちょっと目を離すと、しまりのない生活をしているラグドール推しさん…。
ラグドール推しさんには、私がいないとダメみたい。「おとな」なあなたは、まるでラグドール推しさんの「親」のようにふるまいます。
甘え上手なラグドール推しさんは、スコティッシュフォールド推しさんの言うことをすんなり聞いてくれるから、なんだかかわいい☆ 自己管理が完璧なスコティッシュフォールド推しさん。人の管理も上手いんですよ♪

★★☆　**ロシアンブルー推しの相手**
＊いつまでも大切にしたい相手

落ち着いた、思慮深い交際が期待できる相手です。
完璧主義のスコティッシュフォールド推しさんは、とことんつきつめて物事を考えるロシアンブルー推しさんに親近感を抱きます。誰も見ていないところでも手

を抜かず、自分を律し、自分に厳しい者同士。

二人はそっと、お互いをねぎらいます。あなたはえらい。ちゃんとしてる。そんなあなたをこれからも、ずっと大切にするからね…。

表向きには落ち着いた関係の二人ですが、内面的には心から、相手のことを認めています。

★★☆　メインクーン推しの相手
＊頼られるのも、なんだかうれしい

「おとな」なあなたから見ると、はりきりやさんで感情表現が素直なメインクーン推しさんは、けっこう子供っぽくてかわいい存在。

あなたがしっかり受け止めてくれることがわかるから、普段はいろんな人に頼りにされてるメインクーン推しさんが、あなたの前では子供のように甘えます。

そんなメインクーン推しさんからなにくれとなく相談を受けては、しょうがないなぁ〜なんて言いながらつきあってあげるのが、実はうれしいあなた。

優等生タイプのあなたは、メインクーン推しさんの頼れる人です。

★★☆　ペルシャ推しの相手
＊エレガントで機能的な(!?)あなたへ

「おとな」なあなたが、「エレガントなおとな」にバージョンアップ！

スタイリッシュなペルシャ推しさんのファッションや、友人知人はあか抜けていて、オシャレな空気が充満しています。

交流を持てば、清楚なあなたはみるみる磨かれていって、見違えるほど洗練された紳士、淑女に。

さあ街へ出て！ステキなお店に行きましょう♪

ずっと前から行きたかった、オシャレで機能的なキッチングッズがあるお店へ♪

…しっかり者のあなた、行き先はやはり機能的なお店。察しのいいペルシャ推しさんは、ちゃんとお望みの場所に連れて行ってくれますよ。

相手との相性は？

★☆☆　アビシニアン推しの相手
＊「まかせて！」で思い通りに

個人主義のアビシニアン推しさんは、あなたのこだわりや規則など、全然まったく、気にもとめません。「こうしてくれる？」と言ったって、「勝手にすれば？」とどこふく風。完璧主義のあなたは、そこで引き下がるわけにはいきません。どうしたものか…。そんな時は「○○はまかせて！」って宣言しちゃいましょう。「家のことはまかせて」「この書類はまかせて」っていうふうに。
自分のことに夢中で、細かいところに気が回らないアビシニアン推しさんは「おう！じゃあまかせた！」ってあなたの好きにさせてくれますから。

★☆☆　マンチカン推しの相手
＊「こだわってます！」で良好な関係を

みんなと違うことをするのが大好きなマンチカン推しさんは、規律正しい日常生活に全然まったく、興味なし。「こうしてくれる？」と言ったって、「どうでもいい」とどこふく風。ごく普通の日常にこそこだわって、きちんとしたいあなたは、自分のこだわりをわかってくれない相手の態度に…神経ピリピリ！
そんな時は「これが私のこだわりなの！」って宣言しちゃいましょう。人の個性を大切にしたいマンチカン推しさんは「君のこだわり、とくと拝見させてもらうよ！」ってあなたの好きにさせてくれますから。言葉にするって大事ですね。

★☆☆　シャム推しの相手
＊おとなの対応で、計画通りに

ちょっと神経質なスコティッシュフォールド推しさん。とにもかくにも、「計画通り」が信条です。
だけど、新しいもの好きで飽きっぽいシャム推しさんと一緒にいると…!?
これがいいんじゃない？ あれもいいね！ 新しい計画が次から次へ飛び出して、

当初の計画からどんどんずれてしまいます。

しっかり予定を組んで動くスコティッシュフォールド推しさんからすると、急な予定の変更は迷惑そのもの！ でも冷静に…「それは次の機会にしようね」って、おとなの対応、お願いします！

★☆☆　ベンガル推しの相手
＊刺激厳禁。ハリケーンに説得を

会う度に元気いっぱい、ハチャメチャな日常生活をくりひろげているベンガル推しさん。優雅に過ごしたいあなたにとって、ベンガル推しさんはまるでハリケーン！ 一緒にいると、全然落ち着きません。

でも、相手に悪意はないんです。あなたが退屈しないように、「刺激」を提供しようとしてくれているだけだから☆

…というわけで、世の中には、「刺激」を必要としない人もいるのだと、きちんと教えてさしあげて。

☆☆☆　ミックス推しの相手
＊で、その話のオチは？

ミックス推しさんが「いい人」なのはわかります。わかるんだけど、なんだか話がかみ合わないみたい…。

現実的なスコティッシュフォールド推しさんにとって、夢見がちなミックス推しさんの言動は、どうにもスッキリ致しません。

関西人が、話に「オチ」を求めるように、スコティッシュフォールド推しのみなさんは、話に「結論」を求めます。

しかし、ミックス推しさんの話には「結論」が見えてこないから…一体なにが言いたいのやら？？

いい人だとは思うんだけどなぁ～…。

相手との相性は？

救済ねこアイテム

「ねこ草」
ひらめきや発見を意味する「東」の方角に

要するに、考え方が真逆なだけ。
軽やかな気持ちで、他愛のない会話、楽しんで

あの人は…なんだか苦手。なにが言いたいのかわからなくって。
なにか胸のつっかえが取れない、スコティッシュフォールド推しのあなた。
そんなあなたの救済ねこアイテムは、「ねこ草」です。
設置場所は、ひらめきや発見を意味する「東」の方角がベスト。
「ねこ草」を食べ、あなたの愛ねこの胸のつっかえが、見事な毛玉となって吐き出されたとき、あなたに突然のひらめきが降ってくるかも！
例えばこんなふうに…

そうか！ ミックス推しさんの話には、はじめっから「結論」なんてなかったんだ！

そう考えれば、話はかみ合わないけど「いい人」なんだなって思えた相手の言動に、頭を抱える必要なんてなかったことに気づけます。
合理的なスコティッシュフォールド推しさんと、感覚的なミックス推しさん。
実のところ、二人は考え方が真逆だったのです。
目的があって話をするあなたと違って、ミックス推しさんはただ、あなたとお話がしたいだけ。話すことが、目的だったんですね。
これで、あなたの心のモヤモヤも、見事に吐き出されましたね！
これからは軽やかな気持ちで、ミックス推しさんと他愛のない会話、楽しんでくださいね！

No.7 ペルシャ推しのあなたと、相手との相性は？

あなた：ペルシャ推し
×
相手：（　　　　　）推し

★★★　ペルシャ推し同士
＊あい通じ合う素敵な関係

いつもは相手に合わせて行動するクールなペルシャ推しさんが、珍しく「自分」を見せる相手。それが、自分と同じペルシャ推しさん。

だってもう、わかっているから。あなたが察しが良くて、スマートに行動すること。だけど、自分の意見を言うのが苦手なことも。

わかり合える二人だから、「あそこに行ってみよう」「こういうことをしてみよう」。プランを思いついたら、とりあえず一緒にやってみましょう。

普段なら「できない」と思い込んでいることにチャレンジできる素敵な関係。価値ある時間を一緒に過ごしましょう♪

★★★　シャム推しの相手
＊何もかも"史上最速"の組み合わせ

史上最速の組み合わせ！

器用で察しが良いペルシャ推しさんと、アイデアマンで手際が良いシャム推しさんの、ペルシャ＆シャム推しペア！

最速で相手を理解し、最速で行動開始、そして最速で目標達成〜！

要領の良いねこ推しさん同士ですから、何をさせても、スゴイ速度でテキパキこなします！二人が組めば、一日のうちにできることが、目に見えて増えるんですって！ 毎日充実まちがいなしですね♪

相手との相性は？

★★★　マンチカン推しの相手
＊自分の道を開拓！　推しねこの化学反応☆

推しねこさんの、化学反応!?
誰も歩いていないところに道を切り開こうと奮闘する、個性的なマンチカン推しさん。そこへ、サポート上手のペルシャ推しさんが加われば…!?
「新たなる道」が、本当に完成するかもしれません！
前へ前へと歩みを進める、好奇心旺盛なねこ推しさん同士、お互いを支え合い、楽しみながら夢の実現。
ペルシャ推しさんの人生の課題でもある「自分の道」が見つかるかも♪

★★☆　メインクーン推しの相手
＊リア充な交際の裏に、お付き合いの秘訣あり

なにこのリア充感！　オシャレなペルシャ推しさんと華やかな交際を楽しむのは、威風堂々メインクーン推しさんです。
仲間思いでリーダーシップのあるメインクーン推しさんと仲良くしていると、大手企業に就職したような（!?）大きな安心感があります。
あなたのこと、もちろん大事にしてくれますよ。
ただし、メインクーン推しさんのやることにあんまり口を挟まないでね。
少し不器用なメインクーン推しさんだけど、自分で決めたい人だから。
相談されたら、アドバイスオーケイ！　あなたのお話、ものすごく聞いてくれます。

★★☆　ベンガル推しの相手
＊私、考える人。あなた、実行する人。

このありあまるベンガルパワーを活用しないと、もったいない！
ペルシャ推しさんのサポート精神がうずきます。
真っ直ぐな性格のベンガル推しさんは、人の気持ちを察して動くペルシャ推しさ

んにとって、とても気持ちの良い人。
やりたいことがハッキリしてて、実行力もあるのに、そのための方法を考えるのが下手っぴなベンガル推しさんに代わって、ペルシャ推しさんの頭脳が冴え渡ります！
二人が力を合わせれば、お互いの長所がもっと活かせそう♪

★★☆　スコティッシュフォールド推しの相手
＊熟年夫婦のような安定した関係に

堅実で、思いやりもあるスコティッシュフォールド推しさんとは、末永いお付き合いができそうです。
欲を言うなら、「ワタシのこと、もっと頼りにしてほしい」って思うことぐらい。自分のことは自分でできる、しっかり者のスコティッシュフォールド推しさんは、人に頼って力を借りる発想があんまりありません。
手がかからなくて助かる反面、人をサポートするのが得意なペルシャ推しさんからすると、少しもの足りないところも。なんだか熟年夫婦みたい。

★★☆　ロシアンブルー推しの相手
＊スペシャリストの力を借りて、苦手を克服

一つのことを極めたいなら、ロシアンブルー推しさんと一緒にいることをオススメします。
ペルシャ推しさんは器用な反面、一つのことだけにコツコツと専念するのは少し苦手。自分にも、何か「コレ」という極めたものがほしい…。
そんなときは、一つのことに専念するスペシャリスト、ロシアンブルー推しさんの力を借りて。日夜サポートしているうちに、気づけばペルシャ推しさんもずっとコツコツ同じ事をしているではありませんか！
これであなたも、その道のスペシャリスト!?　苦手克服ですね！

相手との相性は？

★☆☆　アメリカンショートヘア推しの相手
＊くつろぐのが苦手⁉　私の意外な一面…

平和と安らぎを与えてくれること間違いなしな、申し分ないお相手、アメリカンショートヘア推しさん。アメリカンショートヘア推しさんの望むことは、あなたがゆっくりくつろぐこと。ありがたいことこの上ないのに、なぜかあなたは、「もの足りなさ」を感じてしまいます。

相手の気持ちを察して、何かしてあげたいと思うあなたなので、することがないと落ち着かないみたい。アメリカンショートヘア推しさんとは、ゆっくりのんびり過ごすことを心掛けましょうね。

★☆☆　ミックス推しの相手
＊優しい気持ちで、思ったことは伝えましょう

ドリーマーで、誰にでも優しいミックス推しさん。平和と安らぎに包まれた、とても微笑ましい人です。

なのについつい「もっと現実を見て」なんて、夢のないことを言ってしまうドライな自分が…あ〜あ、ちょっと嫌になる。

人の夢に口出しするなんて、なんだか私、意地悪してるみたい？

そんなことはありませんよ。あなたはちゃんと相手を思いやってアドバイスができる人です。クールな自分に嫌悪感を抱かずに、相手のためになることは、優しく言ってあげましょう。

★☆☆　ラグドール推しの相手
＊察しが良いと、疲れます…

マイペースなラグドール推しさんは、干渉されるのが嫌いです。「口出ししないで！」って心に垣根を作っているのが、悲しいかな、察しのいいペルシャ推しさんには見えてしまいます。

私を必要としていないのなら、さようなら。ペルシャ推しさんが身を引こうとしたそのとき、「放っておかれるのはもっと嫌！」というラグドール推しさんの心の声を受信しました。
なんてワガママな子なの!?
だけど付き合ってしまう、ペルシャ推しさんはお人好し…。

★☆☆　ノルウェージャンフォレストキャット推しの相手
＊何もしなくてもいい!? 自分に自信を持って！

してあげられることが何もない。
一瞬で相手を理解しちゃうペルシャ推しさん。それだけに、ノルウェージャンフォレストキャット推しさんに必要とされる自信が全くありません。
ノルウェージャンフォレストキャット推しさんは、自分で歩むべき道を決め、自分で努力できる人。危うげなところもないし、私がしてあげられることなんて、何もないわ…。自信を失わないで。「何もしなくていいから、側にいてくれるとうれしい」。相手はそう、思っているのですから。

☆☆☆　アビシニアン推しの相手
＊私の話を聞いてよ！

ペルシャ推しさんは思うのです。アビシニアン推しさんは、口をはさむとスグ怒る…。あなたのためを思って言っているのに…！
いつもはクールなペルシャ推しさんが、珍しく腹を立てています。
アビシニアン推しさんは、「やる」といったら「今すぐやらなきゃ気がすまない」人。あーだこーだと引き留められるのが最も嫌いなようで…。
もう知らない、勝手にすれば!? …って思っても、アビシニアン推しさんが家族だったり同僚だったりしたら？
もう！ この分からず屋を、どう説得したらいいの!? イライラが募るばかりです。

相手との相性は？

救済ねこアイテム

「お手入れセット」
ピッチピチの若い女性を表す方位
「西」の方角で美容運アップ

自信をつけて、シンプルに自分の意見をぶつけてみて。
「私だったらこうする！」と

「この、分からず屋！」
ああ…、アビシニアン推しさんに腹を立てたおかげで、ホルモンバランスがくずれて、お肌が荒れそう！

そんなあなたの救済ねこアイテムは「お手入れセット」。
お手入れは、ピッチピチの若い女性を表す方位、「西」の力を借りて行いましょう。
美容運がアップします。
自分磨きはとっても大切。同じことを言ったって、きちんとした外見の人と、そうではない人とでは説得力が違います。
「大切なのは中身だ！」って言う人いますけどね、それでもやっぱり、中身は外見に表れます。
髪をといたり爪を整えたり、手間暇をかけた分だけ、人もねこも美しく、格好良くなりますから♪

美しさは自信を生みます。自信がついたら、自己主張だって怖くない！
アビシニアン推しさんの心を引きつけるのは、そんな自信に満ちた人の意見。
失敗しないためのアドバイスではありません。
ですからペルシャ推しさん、できる限り自信を持って、シンプルに自分の意見をぶつけてみて。「私だったらこうする！」と。
アビシニアン推しさんの目が、あなたに釘付けになりますから！

No.8 ロシアンブルー推しのあなた×相手との相性は?

あなた：ロシアンブルー推し
×
相手：(　　　　　　)推し

★★★　ロシアンブルー推し同士
＊フォーエバーラブ…あなたのことを放さない

あなたのこと、絶対放しませんからね！
ロシアンブルー推しさんは、付き合う人を選ぶことにおいて、最も慎重かつ閉鎖的。「この人！」と思った人としか、お付き合いはいたしません。
でも、この人と付き合おうと心を決めた後は、とても積極的な人に変わります。そしてそれが、ロシアンブルー推しさんの本当の姿。
相手のことを知り尽くし、全てをわかってあげたいと思うのが、あなた方ロシアンブルー推しさんの本性なのです。まさに、フォーエバーラブ！って感じですね。

★★★　ラグドール推しの相手
＊深いところで共感し合う、理想の生き方

あなたは相手のことを深く理解する人です。
ラグドール推しさんはちょっとワガママ。干渉しすぎも、放ったらかしもイヤなんですって…「どうすればいいの？」普通はそう思います。
だけどあなたは見抜きます。
その気まぐれなお願いの裏に、自分の人生をゆったりと楽しみたいという、ほほえましい願いがあることを。
だから相手のワガママを受け入れるのが、ちっとも苦痛じゃありません。
だって自分も、そんなふうに生きたいと思うもの。

相手との相性は？

★★★　ミックス推しの相手
＊神様、ベストパートナーをありがとう！

お互いに、心から安心して付き合っていけるベストパートナー♪
なぜってどちらも「一途」だから。
人が好きで、親しくなりたい気持ちがとても強いミックス推しさん。
そのぶん相手の心変わりが何よりも怖いから、人の気持ちには敏感です。だけどロシアンブルー推しさんは、付き合えば付き合うほどに親密度が上がっていって、気持ちがブレることがありません。
相手の様子をうかがって、気を遣ったり不安な気持ちになったりしなくていい、すばらしい関係！　神様、ありがとう。

★★☆　スコティッシュフォールド推しの相手
＊あなたの決断が二人を前に進ませる

清楚なスコティッシュフォールド推しさんに、あなたの警戒心はわりと早い段階でとけてなくなることでしょう。
しかも礼儀正しく常識的で、しつこくない程度に声をかけてくれるものだから、なお好印象♪
何かあったらあの人に相談しよう…とロシアンブルー推しさんが密かに思う相手です。ただし、スコティッシュフォールド推しさんはかなり控えめな人。大きなことを決めるのは、あなたの方が向いています。

★★☆　ノルウェージャンフォレストキャット推しの相手
＊信用性はマックスレベル！

真面目さを競わせたら、ワンツーフィニッシュを飾るねこ推しさん同士！
信用性最大レベルの二人の関係は、超安定！！

ただ、めちゃくちゃ愛情深いロシアンブルー推しさんに比べれば、ノルウェージャンフォレストキャット推しさんは、まぁまぁ淡泊。ベタベタした関係は好きじゃありません。
だからちょっと寂しいロシアンブルー推しさんなのです。もっとかまってほしいなぁと。ま、その程度の悩み、どうってことないけどね。

★★☆　ペルシャ推しの相手
＊ありがとうで、幸せに♪

警戒心が強いロシアンブルー推しさんが、この人のこと信用したい、仲良くなりたいって思える、貴重な相手。それが、ペルシャ推しさんです。
ペルシャ推しさんは物腰がやわらかく、ロシアンブルー推しさんの気持ちを察して優先してくれるステキな人。
いい人すぎて逆に警戒してしまうけど、ここは素直に「ありがとう」と言うべきですよね。
大丈夫。ペルシャ推しさんのいい人ぶりは、本物です。種も仕掛けもございません。

★★☆　ベンガル推しの相手
＊あれ？私この人のこと、好きかも!?

警戒心？そんなのおかまいなし！
あっという間に近づいてきて、人の心にズカズカ進入してくるのがベンガル推しさん。
普通だったらすぐさま「出てって！」って言いたくなるハズなのに…。
自分の心を全開にして「あなたのことも教えてよ！」って近づいてくるベンガル推しさんを、なんだか憎めない…。というか、むしろ好きかも。
最初は心、かき乱されるかもしれませんが、慣れればとっても好相性のねこ推しさんたちです。

相手との相性は？

★☆☆　アビシニアン推しの相手
＊人にこびない正直な相手

相手より、自分の気持ちを優先しやすいアビシニアン推しさんは、ロシアンブルー推しさんにとって、なんだか怖い存在です。それで思わず、あなたは「放っておいてください」って態度をとってしまいます。そんなふうに心を閉ざされたら…こびない性格のアビシニアン推しさんには、取りつく島もありません。
なぜかホッとするロシアンブルー推しさんですが、本当にそれでいいの？
アビシニアン推しさんは、自分に正直なだけ。実行力があって頼もしい相手。そこまで警戒する必要はありませんよ。

★☆☆　シャム推しの相手
＊シャム推しさんの苦しい言い訳に耐えられますか

社交的でにぎやかなシャム推しさんは、一途なロシアンブルー推しさんに「軽い人！」って非難されやすい存在。
確かにシャム推しさんは、あっちこっちに仲の良い人を作る。おしゃべりが上手くてモテる。けっこう飽きっぽい。ロシアンブルー推しさんからするとどうしても、「ダメ、浮気サレル…」と、危機感を抱いてしまいます。
シャム推しさんの言い分はこうです。
「自分のそれは"探求心"。探求心が旺盛なだけです。」
思い詰める性格のあなた、相手の苦しい言い訳に悩みは深まるばかりです。

★☆☆　メインクーン推しの相手
＊怒ると怖いのは、あなた！

リーダー気質のメインクーン推しさんに関わると、すべてを支配されそうで怖い…。
ロシアンブルー推しさんは、怖いと思う相手には近寄りません。
でも、コワイコワイと言ってるあなたは、全然弱い人じゃありません。

むしろ怒ると一番怖いのは、強靭な精神力を持つ、あなたなんじゃないかしら。
何かあってもピシャっとやっつけられるんだから、恐れなくても大丈夫。
付き合ってみたら、メインクーン推しさんってすごく仲間思いですよ。

★☆☆　マンチカン推しの相手
＊明るくて社交的、心に闇はありません

あなたのこと、深く知るのが怖い…。
世の中の流れに逆らって生きる、個性派のマンチカン推しさん。
なぜ、あんなにはみ出すの？
もしかして…何かとてつもない、心の闇を抱えているのでは…!?
付き合う相手のすべてを知ろうとしてしまうロシアンブルー推しさんは、マンチカン推しさんを大いに警戒…。けれど実際のマンチカン推しさんは、大変明るく社交的で楽しい人。闇などありません。（笑）
「こんなに深くて面白い人は他にいない！」って、付き合ってみたら、大絶賛かもしれませんよ!?

☆☆☆　アメリカンショートヘア推しの相手
＊シ〜ン…何も起こらない関係

平和が一番。
癒やし系のアメリカンショートヘア推しさんと、芯が強くて一途なロシアンブルー推しさんが、どうしてうまくいかないのでしょう？
それはお互い、どちらも自分から心を開くタイプじゃないから。
だからぜんぜん、関係が深まらないのです。
「だって向こうが何も言ってこないから…」なんて様子を見ている間に、なんとなく自然消滅。
やっぱり私のこと、なんとも思っていなかったんだ…。連絡が無いのがその証拠。
そう思ってしまうほど、何も起こらない関係です。

相手との相性は？

救済ねこアイテム

「ウォーターボウル」
深〜い関係の相手との交際運が上がる「北」の方角に

交際運を上げて、王子様役となって相手をリードしましょう

しっくりなじむ環境や、相手とすんなり気が合うことを「水が合う」なんて言いますよね。
できればそんな環境や相手を見つけて、気持ち良〜く過ごしたいもの。

そんなあなたにオススメのねこアイテムは「ウォーターボウル」。
これを、秘密をつかさどる「北」の方角に設置してみて…。
実はこの方位、深〜い関係の相手との交際運が上がります。

ねこによっては、水に大変なこだわりがある猫もいるようですね。
あなたは愛するねこの好み、知っていますか？
知らなかったら知りましょう。

同じように、あなたとアメリカンショートヘア推しさんとの交際がうまくいかない裏に隠された、「秘密」も知っておきましょう。
あなたが「向こうが何も言ってこない…」と様子を見ている間、相手はどうしていたと思いますか？
答えは、「あなたからの連絡を待っていた」でした！
だけど待てど暮らせどあなたからの連絡がないから、がっかりしていたのです。
まるで、とらわれのお姫様のよう…。
「ウォーターボウル」で交際運を上げたら、あなたが王子様役となってリードしてあげましょうね。

No.9 ベンガル推しのあなた×相手との相性は？

あなた：ベンガル推し
×
相手：（　　　　）推し

★★★　ベンガル推し同士
＊あなたがいるから、もっともっと頑張れる！

サッパリしてて、深い友情⁉
不器用であとさきを考えないあなた方は、いつでもどこでも真剣出たとこ勝負！
自分と同じにおいのする、もう一人のベンガル推しさんだって、きっと毎日、ずいぶん無茶しているにちがいありません。
それを思うと、言葉はなくてもお互いの健闘を、讃え合いたくなるものです！
君、頑張ってるなぁ！ 自分ももっと、頑張ろう！！
アッサリしているように見えて、深いところで理解し合える関係です。

★★★　アビシニアン推しの相手
＊本当にあった！ ケンカするほど仲が良い関係！

少年マンガでおなじみの、厚い友情ここにあり！
察しが良くないベンガル推しさんにとって、アビシニアン推しさんのように自己主張が激しくハッキリした人は、手応えがあって面白いし、わかりやすくて助かります。
案の定と言いますか、どちらも意見を譲るのが下手なので、ケンカしやすい関係だったりもするけれど…。
けれどお互い、ぶつかってでも自分の意見をちゃんと伝えることが、相手への誠意だと考えているねこ推しさん同士！ 拳と拳で語り合おうぜ！

相手との相性は？

★★★　メインクーン推しの相手
＊みんなで走ろう、夢に向かって♪

協調性に欠けるところがあるベンガル推しさんは、気がつけば、一人で行動している感じに…。
そこをガシッとつかまえて、ベンガル推しさんに仲間との関わりを作ってくれるのが、リーダーシップ旺盛なメインクーン推しさんです。
みんなで力を合わせれば、一人でいるときよりも、もっともっと、でっかい夢が追えると思いませんか？
みんなと一緒も良いもんだ♪
メインクーン推しさんは、あなたに大きなチャンスを与えてくれる人です☆

★★☆　ペルシャ推しの相手
＊良いアドバイザー見いつけた！

専属マネージャーになってほしい人。それがペルシャ推しさんです。
「ふむふむそれじゃあ、こうしてみたら？」サポート上手なペルシャ推しさんのアドバイスは、とっても確か。しかも、わかりやすい！
ベンガル推しさんが何をどうしたいのか理解して、その方法をビシッと提案してくれる、貴重な人です。何かあったら真っ先に相談したい！
ペルシャ推しさんのおっしゃることは、いつだってごもっとも。
相手にとっては、あなたの「無鉄砲さが、魅力的」なんだって♪

★★☆　マンチカン推しの相手
＊何か面白いことやってみよう！

巷（ちまた）では「奇人変人コンビ」で通ってる!?
奇想天外なベンガル推しさんと、ユニークなマンチカン推しさんの、個性派コンビ！
どちらもがむしゃらに社会に立ち向かい、夢の実現を目指し、それを心おきなく

楽しみながら生きています。なんだかお互い、親近感がわいちゃうね！
このねこ推しさんたちがタッグを組むと、何か面白いことができそうな、そんな予感がビンビンします♪

★★☆　ロシアンブルー推しの相手
＊タイプのあなたに猛烈アタック♪

「あなたの性格、大好きだー！！」
ロシアンブルー推しさんは、ベンガル推しさんの好みのタイプ。
正直者でズルができないベンガル推しさんは、「卑怯者(ひきょうもの)」が大嫌い。その点ロシアンブルー推しさんは、誠実で、とても芯の強い人。
「いいねいいね！」とガツガツ関わっていくベンガル推しさんなのですが、悲しいかな、相手は警戒心が強いので、異常になついてくるあなたを「やや不審な人物」としてマークしているかもしれません…。（でも、一生懸命合わせてはくれます。）
時間をかけてうちとけあいましょう！

★★☆　ノルウェージャンフォレストキャット推しの相手
＊頑張るあなたに、大好き全開！

ノルウェージャンフォレストキャット推しさんは、ベンガル推しさんも認める、尊敬できる人。
だって真面目に、一生懸命生きてる人だから！
「頑張る人、大好き！」というわけで、大好き全開で関わっていくベンガル推しさんなのですが、悲しいかな、相手は自分のいったいどこを、そこまで慕ってくれているのかよくわかりません。性格も、全然違うのに!?
そんなわけで、あなたは「やや不審な人物」扱いされているかもしれません…けど、別に気にしませんよね。そのうち認め合えますから！

相手との相性は？

★☆☆　アメリカンショートヘア推しの相手
＊学ぼう、人それぞれの幸せのかたち

現状を維持したい。変化を嫌うアメリカンショートヘア推しさん。
そんな穏やかな相手の願いを、真正面からブチ壊してしまうのが、他ならぬベンガル推しさんです…。だってベンガル推しさんは、変化がないと退屈で、退屈で…。
「退屈すぎて最悪の気分にならない？」
あなたは相手に、超よけいなことを言ってしまいそう…。
幸せのかたちは人それぞれ。いろんな人がいるから、世の中バランスがとれているのです。お願い、そっとしといてあげて…。

★☆☆　ラグドール推しの相手
＊ちゃんと教えて？ あなたの幸せのかたち

の～んびり生きていたい。まるで「さとり世代」のラグドール推しさん。
そんなささやかな相手の幸せを、ぶち壊してしまうのが、他ならぬベンガル推しさん、あなたです…。これしようあれしように毎日振り回されて、ラグドール推しさんの気が休まる暇がありません。
ベンガル推しさん、相手の予定ややりたいことを、聞いてあげていますか？
相手のペースをわかってあげないと、あなたの「楽しい♪」が、相手にとって「疲れる…」になってしまっているかもしれませんよ？

★☆☆　スコティッシュフォールド推しの相手
＊先生と生徒のような関係

スコティッシュフォールド推しさんは、規律正しく細かい人。
「キチンとしましょうね」と、面倒なしきたりやルールを守らされます。
ズルはしたくないから言われたことは守るけど…このしきたりを守ることに、何の意味があるの？

さて、これは良い機会です。しっかり者のスコティッシュフォールド推しさんに、世間の常識を学びましょう。
自由を愛するベンガル推しさんには窮屈な話かもしれませんが、知っておいて損はありません。ほら、教えてもらうんですから、姿勢を正してシッカリ聞いて！

★☆☆　ミックス推しの相手
＊いい人って面倒くさい？

ミックス推しさんはみんなのことが大好き。いつも、みんなのことを気にしたり、心配してあげたりしています。みんなのことを考えすぎて、ときに悩みを抱え込んでしまったり…。
ミックス推しさんが「いい人」だということはわかるけど、その人の問題はその人が解決することだから、心配しても仕方なくない？ とベンガル推しさん。
失敗なんて当たり前！ なベンガル推しさんには、理解不能な心配ぶり。
いい人なのも大変だね。心の隅でちょこっと思う、あなたです。

☆☆☆　シャム推しの相手
＊それって何語？？

社交的で賢いシャム推しさん。仲良くなったらさぞかし楽しいハズ…なのに？
ん？？ シャム推しさんが、何を言っているのかわかりません。
情報通のシャム推しさんの話は、登場人物がいっぱい出てきて、話題もあれこれあれこれめまぐるしい。
主語は、どこ？ あなたは、誰？
流行にそんなに興味がないベンガル推しさんにとって、シャム推しさんの話は「知らないこと」「興味がないこと」だらけ。
情報量が多すぎて、楽しいというより、すみません、疲れました…。
無理して付き合うと疲れる関係です。

相手との相性は？

救済ねこアイテム

「ネズミのおもちゃ」
交渉や取引に良い「南東」の方角に大切にしまいましょう

話がかみあわない相手の情報も役に立ちます。
次はもっと話を盛り上げて！

ねこグッズも日々進化していて、最近は電動で動くスゴイのがあるとかなんとかシャム推しさんが言っていたっけ…。
でも、あなたはそういうものに、興味がありませんね。
だってこの、救済ねこアイテム「ネズミのおもちゃ」で、たっぷり楽しく遊べるんだもの。ねこといえば、ネズミでしょ！
ポーンと投げれば、ダダダダダダッ！
ねこパンチねこパンチ！ ダダダダダダッ！
あとさき考えずに遊ぶねこが、冷蔵庫の下やどこかのスキマにおもちゃをシュート！
「そうはさせない！」おもちゃをスキマにゴールインさせないよう、おもちゃを守るキーパーはあなたです。
あなたもねこも、ひとしきり遊んで満足したなら、また遊ぶときにすぐ取り出せるよう、交渉や取引に良い「南東」の方角に、大切にしまいましょう。
これであなたのお仕事運が上がりますよ。

そうして外にくり出せば、あっ！ これ、シャム推しさんの言っていたハイテクおもちゃ！ わ〜こんなものがあるのか、すごいなあ♪
思わぬところで、情報が役に立つかもしれません。
知らなかったら、気づきませんでしたね。教えてもらったおかげです。
相手の言葉の意味がやっとわかったあなた。次はもっと、話が盛り上がるはず。
疲れる…って思った相手とも、良い関係が築けそうです♪

No.10 ノルウェージャンフォレストキャット推しのあなた×相手との相性は？

あなた：ノルウェージャンフォレストキャット推し
×
相手：（　　　　　　　）推し

★★★　**ノルウェージャンフォレストキャット推し同士**
＊強くゆるぎない、絶対の協力関係

大変強い協力関係を築ける好相性。
「人づきあいを良好にしておけば、メリットがいっぱいあるじゃないですか。困ったときは助け合えるし、自分一人ではできないような大きな事にも取り組める。」そう考えるノルウェージャンフォレストキャット推しさん同士が、仲良くするのはあたりまえ。
これから先も、どうぞよろしく。ハイこちらこそ、末永くよろしくお願いいたします。ケンカやいがみ合い？そんなムダな時間、二人にはありえないね。

★★★　**アメリカンショートヘア推しの相手**
＊信用性に太鼓判。安全第一の相性

人を見る目が厳しいノルウェージャンフォレストキャット推しさんが、この人は信用できると太鼓判を押す、安心安全なねこ推しさん、それが安全第一を信条とするアメリカンショートヘア推しさんです！
安定感のある人間関係を築きたいノルウェージャンフォレストキャット推しさんにとって、常識的なアメリカンショートヘア推しさんはもってこいのお相手！
いつまでも変わらないでいてくれる理想的な相手ですから、お付き合いしていくことに、なんら問題ございません。

相手との相性は？

★★★　スコティッシュフォールド推しの相手
＊上品に付き合って、文句なしの好相性

清く、正しく、美しく！ 礼儀と節度をわきまえたスコティッシュフォールド推しさん。古風なノルウェージャンフォレストキャット推しさんには、とてもしっくりなじむお相手で、文句なしの好相性！ より良い生活を求めて、共に励み、高めていけます。

ただし、あまりにパターン化された付き合い方だとお互い新鮮味がなくなってしまいますから、たまにはフンパツして、素敵な場所でお食事したりしてみては？ あくまでも、上品な遊び方を♪

★★☆　ロシアンブルー推しの相手
＊敵に回すと怖い!? 気を引きしめて大切にして

あたりまえすぎて、説明する必要がないくらいの好相性。
ロシアンブルー推しさんは、人を裏切らず、つまらない争いを好まず、ものごとを深く考えられる人。
義理堅いノルウェージャンフォレストキャット推しさんが、そんな相手を大切にできないわけがありません。それに時々見せるロシアンブルー推しさんの「執念」。あれはただの一途な人じゃあ、ない…。敵に回さない方がよさそうだ…。
気を引きしめて良い関係を作ろうと思う、あなた。はい、それが正解です。

★★☆　ミックス推しの相手
＊ピュアな夢を共有すれば、今日もあなたは頑張れる！

どんな人にも優しく、良心的なミックス推しさん。安心してお付き合いができるミックス推しさんを、ノルウェージャンフォレストキャット推しさんはとても信頼しています。けっこう夢見がちなミックス推しさんに、世の中そんなに甘くはないよ…なんて、思うことはあるけれど。ミックス推しさんの見る夢は、本当に

そうだったらいいなぁと思える、優しさにあふれたものばかり。とってもピュアな気持ちになれるのです。
一緒に夢を叶えよう！ 清々しい気持ちで今日もあなたは頑張れます。

★★☆　ベンガル推しの相手
＊ありのままの自分になれる相手

興味を持ったらまっしぐら！ 自由を愛するベンガル推しさん。
相手はもう、「世の中の常識」をかなぐり捨てて生きています。
「世の中の常識」にどっぷり浸かって生きているノルウェージャンフォレストキャット推しさんにとって、ベンガル推しさんは別の世界の住人。
…それでだろうか。ベンガル推しさんには、自分の「ありのまま」を見せられる…。
ベンガル推しさんは、そんなあなたの「真面目さ」が大好きなんですって♪
自分では普通だと思っていた自分の真面目な性格。ベンガル推しさんとなら、それこそが素晴らしい「個性」だということに気づくことができそうです。

★★☆　マンチカン推しの相手
＊目的は同じ。まさかの好相性

時代の寵児！ 世間に名高い個性派のマンチカン推しさん。
相手はまさに、「世の中の常識」にとらわれない人。
「世の中の常識」にどっぷり浸かって生きているノルウェージャンフォレストキャット推しさんの宿敵登場か!?
…と思いきや、二人は腹を割って話し合える、まさかの好相性…！
「良い世の中にしたいよね〜。」「良い会社にしたいよね〜。」
目的は同じ。
共に向上心の強い２人、熱く語り合って、力を合わせて、きっと良いモノを生み出してくれるはず。

相手との相性は？

★☆☆　シャム推しの相手
＊「うさぎ」と「かめ」協力できる？

『うさぎとかめ』の童話で例えると、ねばり強いノルウェージャンフォレストキャット推しさんは、人生を「持久走」で走る「かめ」タイプ。
シャム推しさんはスピード勝負の「短距離走」が得意な、「うさぎ」タイプです。
『うさぎとかめ』の童話では、じっくりコツコツ取り組んだ「かめ」が勝つけれど、現実世界はどうでしょう？
シャム推しさんの手際の良さには見習うべきところがあるはず。
「うさぎ」と「かめ」が協力し合えたら素敵な関係に。

★☆☆　メインクーン推しの相手
＊ライバル登場！…かもしれない!?

頂点を目指すライバル登場！
ノルウェージャンフォレストキャット推しさんとメインクーン推しさんは、共に「一番」が大好きです。ですから二人はライバル関係。どっちが上か、火花を散らす関係です。
だけど意外と、メインクーン推しさんは序列に従順。
あなたの立場や年齢が上なら、ごくふつうにかわいい部下や後輩として接してくれます。勝手に対抗心を燃やして、独り相撲をとらないように。

★☆☆　アビシニアン推しの相手
＊社会の厳しさがわかっとらん！ 説教したくなる相手

「独立したい！」
人に指図されるのが、何より嫌いなアビシニアン推しさん。
立場が上の人にでも、はっきりと意見が言える怖いもの知らずです。
けれどノルウェージャンフォレストキャット推しさんは、そういう態度を良しと

しません。「ただの一個人が、御上に意見を聞いてもらえるなどと思うたぁ笑止千万！ 意見が言いたくば、それ相応の地位を手に入れるべし！」…と考えるからです。「何時代の話!?」アビシニアン推しさんは豪快に笑っています。
説教しても聞く気がないなら、好きにさせるしかありません。

★☆☆　ペルシャ推しの相手
＊より一層、ベターな道を選んじゃう…

あなたも相手も現実的。ベスト（最高）よりも、ベター（最高ではないけれど、良い状態）を選びがちな者同士です。
ちょっと妥協して、できそうなことをやっていく。自分の望みを叶えるよりも、周囲の期待に応えることを優先させてしまうあなた。ペルシャ推しさんも気持ちは一緒。だから一緒に、ベターな道を選んでしまいます。あなたの気持ちをわかってくれる心強い理解者ではあるけれど、二人とも、どうにも夢がありません。
自分にとってベストの道を見つける。それをあなたが、ペルシャ推しさんに教えてあげなきゃいけないのかもしれませんよ。

☆☆☆　ラグドール推しの相手
＊頑張ってる自分が情けない気分に…

どうしてこんなに「ふわふわ」しているラグドール推しさんは、あんなにも人に愛されているのだろうか…。ずるいなぁ。
毎日真面目に一生懸命働いているノルウェージャンフォレストキャット推しさんは、ラグドール推しさんの気楽な生き方が腑に落ちません。
『アリとキリギリス』の童話で言うと、自分は「アリ」で、ラグドール推しさんは「キリギリス」みたいだと思う。けれどラグドール推しさんは本当に愛されているから、きっとキリギリスのようにはならない。
ラグドール推しさんと一緒にいると、なんだか頑張ってる自分が損をしているみたいで、情けない気分になっちゃいます…。

相手との相性は？

救済ねこアイテム

「キャットタワー」
地位や権威をつかさどる方角「北西」に。
社会運が向上します

向上心が強いあなたを、相手は「すごい！」と尊敬。そのまま頑張ってOK！

もっともっと、上を！
向上心の強いあなたにオススメの救済ねこアイテムは、「キャットタワー」！
ねこの運動能力ってすばらしく優秀ですよね。
あの、しなやかなジャンプ力。バランス感覚…。
そんなねこのために作られた「キャットタワー」。インテリアとも調和するうえ、ねこの運動にも、くつろぎスペースにもなるという万能ぶり！

この「キャットタワー」は、地位や権威をつかさどる方角、「北西」に設置しましょう。あなたにピッタリの方位でしょう？ 社会運が向上します。

キャットタワーの頂上で、どっかと座るねこに見下ろされていると、「いつか私も、あの高みに上りつめたい…！」ふつふつと、ファイトがわいてきませんか!?
そうそう、あなたはラグドール推しさんのこと、いいなぁ〜って見てましたよね。
一方、相手は、あなたをこんなふうに見ていますよ。

「あの人みたいに自分に厳しく頑張り続けるエネルギーがあれば、なんだってできるんじゃないだろうか…。すごいなぁ…。」

あなたの「やる気」、さらに出たんじゃない!?

No.11 マンチカン推しのあなた×相手との相性は？

あなた：マンチカン推し
×
相手：(　　　　　　)推し

★★★　**マンチカン推し同士**
＊違いを尊重しあう、価値ある関係

自分に無いものを持っているあなただから、「あなたは本当にすごい人だね」
お互いに、尊重しあえる関係です。
同じマンチカン推しさん同士でも、それぞれ違う個性を持っている二人。
同じものを見ていても、きっと「違って」見えているはず。その「違い」が、
マンチカン推しさんにとって、とっても価値のあることなのです。
そういうものの見方もあるのか！
そう感じたとき、ほらまた一つ、世界が広がった♪

★★★　**シャム推しの相手**
＊発見がいっぱい！　お宝はどこにある？

もの知りといえば、情報通のシャム推しさん。
だけど、マンチカン推しさんにとって、シャム推しさんはただの情報通ではありません。「お宝のありかを教えてくれる人」って感じです！
感性鋭いマンチカン推しさんにとって、いつも新鮮なシャム推しさんの情報はとっても刺激的。
シャム推しさんから教えてもらったことをヒントに、もっともっと掘り下げてみると、おもしろい発見がいっぱい！
まるで財宝を掘り当てた気分です♪　シャム推しさん、ありがとう。

相手との相性は？

★★★　ペルシャ推しの相手
＊打てば響く！ なんでも話せる大親友

コミュニケーションが大好き。社交的なねこ推しさん同士、いつも大いに盛り上がれます♪　ペルシャ推しさんの凄いところは、どんな話題にも、ちゃんとついてきてくれるところ。みんなと一緒にいるときは無難な感じなのに、二人きりのときはかなりビターな意見を言ってくれたり！　そのギャップがまた、たまらない☆　常識的に見えて、実はそれだけじゃないクールなペルシャ推しさんとは、なんでも話せる大親友です。

★★☆　アビシニアン推しの相手
＊自分を信じて突き進もう！ 心強いあなたの味方

自分を持っているマンチカン推しさんは、自分を持っている人を尊敬します。
だって「自分を持っている」ことの大変さを知っているから。
みんなが聞き流していることに、自分だけ激怒。逆もあるかな、自分だけ、爆笑。けど、誰もわかってくれない…。ちぇー、また一人。
でも、この「一人でも頑張る」ってところに共感してくれるねこ推しさんが、ちゃんといます。熱い魂の持ち主！ アビシニアン推しさんです！
お互いに、自分を信じて突き進もう！ 心から励まし合える、強い強い味方がいる。このありがたさは、何ものにもかえられません。

★★☆　ベンガル推しの相手
＊あなたと私、可能性は無限大☆

「君、すごく面白いね！」キラキラした目でそう言ってくれるのが、変な人とよく言われている…もとい、自由を愛するベンガル推しさんです。
同じく変人とよく言われているマンチカン推しさんとは、全然性格が違っても、全然別の事をしていても、お互いに同志のように思えます。

少し世間からズレた二人。「さあ行くぞ！」って駆け出して、振り返ったら誰もついてきていなかった…なんて経験は、二人のアルアル話かと。
でもね、そういう人たちが、時代を切り開いていくんじゃないのかな〜☆
あなたと私、手を取り合ったらどんなことが起こるだろう！

★★☆　ノルウェージャンフォレストキャット推しの相手
＊この世の中を変えたい！あなたと私は似たもの同士!?

意外な組み合わせにみんなビックリ!?
保守的に見えるノルウェージャンフォレストキャット推しさんですが、実はマンチカン推しさんと相性が悪くありません。
世の中や会社をもっと良くしたい！と思っているノルウェージャンフォレストキャット推しさんとは、タイプは違うけど、目指すべきものはマンチカン推しさんと同じだからです。問題は、そのことに気づくほど深く付き合うチャンスがあるのかどうか、だけですね。

★★☆　ミックス推しの相手
＊人類皆兄弟、私があなたを守ります

ミックス推しさんとの共通点は「人類皆兄弟」って思う気持ち。
偏見や差別のない世の中を心から願う、人を想う気持ちの強い二人です。
ほら、マンチカン推しさんって、あまのじゃくっていわれているけど社交的で明るいじゃないですか。根っこのところでは、人が好きなんです。
ミックス推しさんはとっても博愛主義。
…だまされたりしないかな？　マンチカン推しさんはミックス推しさんのことが心配です。
だからあなたは思うんです！　ミックス推しさんを守るためにも、自分がしっかりしよう！って。

相手との相性は？

★☆☆　ラグドール推しの相手
＊じっくり付き合えば、自然体のファンになる

どうして抵抗しないの!?　逆境に強い性格のマンチカン推しさんにとって、嫌なことがあってもマイペースで、「どちらかといえば、我慢する」ラグドール推しさんは、謎すぎる存在。

だまっていたら、負けだよ？ 世の中に「理不尽」がはびこってもいいの？ こだわりの強いあなたはつい厳しいことを言ってしまいます。

でも、じっくり付き合ってみてください。面倒くさい人間関係に巻き込まれない、ラグドール推しさんの自然体の生き方のファンになるかも。

★☆☆　スコティッシュフォールド推しの相手
＊相手の良いところを取り入れて

マンチカン推しさんから見ると、スコティッシュフォールド推しさんは、決められたことを何の疑いもなく守り続けている、頭の固い優等生。

どちらかといえば問題児側の気持ちがわかるマンチカン推しさんにとって、スコティッシュフォールド推しさんはちょっと息苦しくて、けむたい存在。

でも、スコティッシュフォールド推しさんの考え方って、とっても筋が通っているんですよ。

あなたの独創性に、相手の堅実さを足せるチャンスです。

★☆☆　アメリカンショートヘア推しの相手
＊合わなさそうってだけで、仲は悪くないんです

なぜにそこまで保守的なのか。そういうの、つまんなくない？

わかりやすいほどに保守的で、頑固なアメリカンショートヘア推しさん。

マンチカン推しさんとは、仲良くなるまでがなかなか大変なお相手です。

別にケンカしたりとか、そういうことはないのですが、全然キャラが違うよねー

…って、お互いに遠くから相手をながめてる…って感じかな。
最初は相手に合わせてあげつつ…、少しずつ自分を出していきましょう。
ちょっとギクシャクすると思いますが、慣れてしまえば仲良くなれますから、希望を持って頑張って！

★☆☆　ロシアンブルー推しの相手
＊長く関わらなければ、良い相性は引き出せない

特定の人としか付き合わないロシアンブルー推しさん。
個性的なマンチカン推しさんに対して、ロシアンブルー推しさんの警戒心はレベルマックスになっていると思われますので、とにもかくにも、仲良くなるまでが大変なお相手です。
めでたく仲良くなれたのであれば、深い精神性と探求心を持ったねこ推しさん同士、お互いを尊敬し合い、その関係はとっても良好に。
しかしそこまで相手と関わる時間が作れるのかどうか…。
同じクラスとか、同じ職場とか、そういう状況じゃないと難しいかもなぁ〜。

☆☆☆　メインクーン推しの相手
＊距離が縮まらない二人

アクティブで、リーダーシップがあって、華やかで、社交的なメインクーン推しさんと、あなた。どうしてうまくいかないのでしょう？
…だって、自分のまわりにイエスマンばかり置いているじゃないか…。
いつもみんなの輪の中にいるメインクーン推しさん。マンチカン推しさんには、人にこびているように見えるのです。
メインクーン推しさんからしても、どうにも自分の思い通りに動いてくれないマンチカン推しさんのはみ出し者ぶりには、ややお手上げ…。
はたして二人が仲良くなる日は来るのでしょうか？

相手との相性は？

救済ねこアイテム

「何か入るもの」
発明や創造をつかさどる「南」の方角に。名誉運が上がります

個性豊かで「グループに入る」のが苦手なあなた。
まずは二人っきりで会うことからはじめましょう

自分にピッタリしっくりくる、自分の居場所を探し求めるあなた。
そんなあなたの望みを、あなたと一緒に、ねこがかなえてくれるんですって!?
さあ、あなたの救済ねこアイテム「何か入るもの」を用意して！
あなたのねこは、どんなところに入っちゃう？
まさかこんなところに入るとは…！
想定外の場所に落ち着かれちゃうこともありますけどね。（笑）

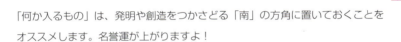

「何か入るもの」は、発明や創造をつかさどる「南」の方角に置いておくことを
オススメします。名誉運が上がりますよ！

箱や袋のみならず、ねこは鍋にだって入りますよね。アイデア一つで、何気ない
ねこの行動が、私たちをこんなに楽しませてくれるんです♪
そういえば、あなたはメインクーン推しさんの、「グループに入る」のが苦手だっ
たんですよね？
相手が苦手なのではなくて…。
偏見や差別を誰より嫌う、あなただから、苦手意識を持ってしまった相手とだっ
て、あなたは堂々と向き合えるはず。
だからきっと、二人きりだと楽しくお付き合いができるはずです。
「グループに入る」のは、その後で…お嫌じゃなければ。

No.12 ミックス推しのあなた×相手との相性は？

あなた：ミックス推し
×
相手：（　　　　　）推し

★★★　**ミックス推し同士**
＊もっと気持ちを伝えて、もっとお幸せに♪

あなたたちの相性が、悪いわけがありません。思いやりのある人同士ですから、末永く、お幸せにという相性♪

ただ、本当はとても愛情豊かなのに、自分からはあまり愛情表現をしないあなたたち。好きという言葉を相手が言ってくれないから、嫌われているのだろうか？なんて、ありえないことで悩まないでくださいね。

あなたたちは似たもの同士。あなたが好きという気持ちを伝えてくれることを、相手はもの凄く求めてます！

★★★　**ラグドール推しの相手**
＊一緒にいられたらそれでいい、相思相愛の関係

一緒にいて楽しいばかりか、心が軽くなる好相性のねこ推しさんたち☆
ラグドール推しさんはマイペースで、トゲトゲしいところがありません。
もちろん、人に対してキツく接したりはしませんから、気を遣わずに、安心して過ごせそうです。ラグドール推しさんも、あなたといると、とても安心できるんですって。
一緒にいられたらそれで良いよって二人ですから、もう何もせず、一日中くっついていましょうか。
相思相愛ですね♪

相手との相性は？

★★★　ロシアンブルー推しの相手
＊愛情に満ちた生活が、ここに

愛に満ちた生活が、めちゃくちゃ欲しいねこ推しさん同士です！

ロシアンブルー推しさんはものすごく愛情深い人。

お付き合いがはじまったなら、積極的に愛情表現してくれますし、あなたのことは何でも知っておきたいんですって。

ミックス推しさんだって負けていません。会えないときも、相手のことを想っていますから！

愛されすぎて困っちゃう〜とか、のろけてしまいそうになりますね。

はいはい、お幸せに☆

★★☆　アメリカンショートヘア推しの相手
＊平和で安らかな相性

安らかな生活を求めたいならこの人！ アメリカンショートヘア推しさんです。

こうと決めたらどこまでも…心変わりがない人だから、あなたの信頼、裏切るようなことはいたしません。

ところが、ミックス推しさんは思います。アメリカンショートヘア推しさんは私を引っ張っていってくれない…。大丈夫だろうか？

そんなの大丈夫。平和を愛する人の日常は、平和ですから。

リーダーシップなど、特に必要ないのです。

★★☆　ノルウェージャンフォレストキャット推しの相手
＊安定した相性、感謝すればそれで OK ！

安定した生活を求めたいならこの方。ノルウェージャンフォレストキャット推しさんです。ノルウェージャンフォレストキャット推しさんは、どっしりと腰を据

えて生きる人。仕事にしろ恋愛にしろ何にしろ、「や〜めた」っていうようないい加減なことがありません。文句のつけよう、ないでしょう？
ところが、ミックス推しさんは思います。仕事仕事でかまってくれない…大丈夫だろうか？ もちろん大丈夫です。仕事に精を出してくれているなんて、なんてありがたいことでしょう！ シンプルに、感謝！

★★☆　アビシニアン推しの相手
＊100％頼れる相手！

どこか夢見る少女のような人、それがあなた。
だからあなたは頼りになる、カッコイイ人も大〜好き。
そんな相手を求める場合におすすめなのが、ほぼ１００％自分で決断して、ガッツリ引っ張っていってくれる、アビシニアン推しさんです！
アビシニアン推しさんは、愛情表現もストレートで、とってもたくましいお方♪
でも、頑張って主張しないと、あなたの意見は一切聞いてくれないのでご注意ください。だって１００％、自分で決める人だから…。

★★☆　マンチカン推しの相手
＊トキメキを与えてくれる相手☆

浮き世離れした、トキメキがほしい…。
そんなあなたに、マンチカン推しさんはピッタリ！
マンチカン推しさんは、あなたをまるで「選ばれた、奇跡の人」のように、特別扱いしてくれますよ♪
でも、わりと厳しくあなたに意見を言いますので、ご注意ください。
浮き世離れしているあなたが、悪い人にだまされたりはしないかと、心配になってしまうんだって…。
私のためを思って、ときに厳しく接してくれるマンチカン推しさん、ステキ…と思ってあげてくださいね☆

相手との相性は？

★☆☆　メインクーン推しの相手
＊勇気を持って伝えないと、結局は言いなりに…

リーダーシップといえば、メインクーン推しさんの存在は外せません。
仲間思いのメインクーン推しさんは、あなたの意見を聞いたうえで、決断を下してくれますよ。
「ミックス推しさん、AかBどっちがいい？　私はAがいいんだけど！」メインクーン推しさんはいつもこんな感じ。だいたいもう、自分の中で決まってます。
あなたはBが良いと思っていたなら、さあ…どうする!?
どうしよう!?　って思うのは、自分の意見があるからです。
意見があるのなら伝えましょう。言わなかったら後で悔やみますよ。

★☆☆　ペルシャ推しの相手
＊話しやすいけど、夢は見せてもらえない相手

ペルシャ推しさんはスマートでクール。素敵だな〜って思います。
気さくに話してもくれるけど、少し気後れしてしまいます…。
だってペルシャ推しさんの言うことは、とっても現実的。夢みたいなことを言ったら、笑われちゃうんじゃないかしら？　大丈夫、大丈夫。ペルシャ推しさんは親身になってくれる人です。「それは夢よ。現実はこう」と、優しく…
だけど一瞬で、夢の中からたたき起こしてくれますよ。
もちろん悪気はありませんので、ショックを受けないで。

★☆☆　シャム推しの相手
＊早く自分を解放して！　遠慮してたら逃げられる

話題が豊富で、人を楽しませるのが得意なシャム推しさんも、ミックス推しさんの好きなタイプ。だから嫌われたくないと、無難に話を合わせていると…、なんと！　逃げられてしまいます。「刺激がない」ってね…。

そもそもシャム推しさんは、ちょっとやそっとで人を嫌いません。
一分一秒でも多く、刺激的で楽しい時間を過ごしたいシャム推しさんに、モジモジ遠慮なんてしていたら、逆に「失礼」。
あなたも自分を解き放って、スカッと楽しく過ごしましょうよ！

★☆☆　ベンガル推しの相手
＊共感するより本音でぶつかって！

明るくハツラツとしたベンガル推しさんも、ミックス推しさんの好きなタイプ。
話の内容も行動も、突飛すぎてついていけないけど、そんなこと言ったら気を悪くするんじゃないかしら？　だから頑張って共感します。
なのにちょっと待って!?　つまらなそうにしていない!?
そもそもポジティブなベンガル推しさん。ちょっとやそっとで傷つきません。
それよりあなたの本音がちっとも聞けないことが、ベンガル推しさんにはつまらない…。共感するより本音を言ってあげてね。

☆☆☆　スコティッシュフォールド推しの相手
＊冷たい人!?

しっかり者のスコティッシュフォールド推しさんも、ミックス推しさんの尊敬できる相手です。
とまぁ…、結局どのねこ推しさんも、ミックス推しさんからすると仲良くなりたい、素敵なお相手なんですね。（笑）
だけど相性がイマイチなのは、スコティッシュフォールド推しさんが最も淡泊で、現実的だから。
たくさん夢を見るあなたの気持ちを、わかろうともしてくれなくて…。
「そんなたくさん叶えるのは、無理でしょ」なんて言われた日には…。
そんな冷たく言わなくても！（涙）あなたはショックを隠せません。

相手との相性は？

救済ねこアイテム

「ねこじゃらし」
勤勉と努力の方角「南西」で、レッツトライ！

あの人はあなたに冷たい？　冷たくしたんじゃなくて、現実的なだけ。経験を積めば良い結果がついてきます

ねこがじゃれるから「ねこじゃらし」！
ねこと仲良くなりたい人の、必須アイテムといえばコレ。
そして「ねこじゃらし」は、あなたの救済ねこアイテムでもあります。
これさえあれば、どんなねこともお近づきになることができる〜…ってほど、ねこは甘くないですよ！
いいですか、「ねこじゃらし」は、持ってるだけじゃダメなんです。
ねこの興味を引くように、工夫して動かさないといけないんです。
これって人間関係にもあてはまるんですよ。

つまりですね、じ〜っとしてちゃダメ。相手に興味を持ってもらえるように動くのです！　これぞ「ねこじゃらし」の心なり！　奥深いでしょ☆
方位の力を借りたいのなら、勤勉と努力の方角「南西」で、レッツトライ！
ねこと遊んだ経験を積めば積むほど、あなたの熟練度が上がります！
良い結果を出すためには、実際にやって経験を積む必要があるんですね。
あなたに冷たいと感じる相手が言うことも、そういうことだったのではないでしょうか？　冷たくしたんじゃなくて、現実的なだけ。
実際に、あなたの夢が叶えられるのかどうかを本気になって考えた結果、
「あなたの夢をサポートしたいけど、そんなにたくさんは私の力じゃ無理…」
そう言ってくれてたんです。
親身な人だと思いませんか？

閉会のことば

ねこで、平和を

いかがでしたか？ 推しねこ相性占い。
楽しんでいただけましたでしょうか。

★★★相性バッチリの人。自信、ついちゃったでしょ！
☆☆☆ごめん無理!? ガクッてなった人も、まぁまぁ落ち着いて。
問題があって、それを乗り越えるから「ドラマ」が生まれます。
だから、ほら、あなたの「ドラマ」を見せようじゃありませんか。
問題を解決するためのパワーは、こちらからたっぷりと送りましたからね！

この本には、気になるあの人と、良い関係を築くヒントを詰め込みました。
ですからもっともっと仲良くなって、相性バッチリ★★★を、目指してください。

この推しねこ相性占い。
「なぜ、ねこなのですか？」
そう聞かれたら、意味深に「平和を望むから」とお答えしようかな。

みんなあれこれ自分の好みはあるものの、結局のところ、ねこならば、どんな猫だってカワイイんです。
そして、今、ねこの話をしたあなたたち。
もうそれだけで、あなたたちは仲が良くなっていませんか。

かく言うわが家もパートナーとは性格真逆。会話はチグハグ。
意見も推しねこも合わず、しょっちゅう対立してたけど…

閉会のことば

「にゃん〜ま！」

うちの猫がマンマ（ねこのおやつ）をせがむ声が聞こえると、おもわず、ほほの筋肉がほころんで「かわいいな」「かわいいな」。
今ではお互いの真逆ぶりを、楽しめるようになりました。
ねこは最高に楽しい。ねこが、わが家に来て良かった〜♪

ああ、人類皆ねこが好きなら、地球は平和なのに。

私たちの身近にいてくれる、すばらしい生き物、ねこ。
ねこをキッカケに考案した「推しねこ相性占い」が、あなたやあなたの大切な人を見つめることに少しでも貢献することができたなら、幸いに思います。

じぇふ

にゃんま（マンマ）大好き！
じぇふんちの猫「ノマ」。
「あなたのおかげで、わが家は平和♪」

幸福を招く
救済ねこアイテム
イラスト

じぇふが描いたイラストを
切り取ってお使いください。
あなたに幸福を招きます♪

アビシニアン

アメリカンショートヘア

シャム

ラグドール

メインクーン

スコティッシュフォールド

ロシアンブルー

ペルシャ

ベンガル

マンチカン

ノルウエージャンフォレストキャット

ミックス

じぇふ
http://ameblo.jp/f-jeff/

著者　じぇふ

実用性に優れた占いを実直に追い求め、タロット、占星術、相占など、独学で研究を重ねる。「占う力が常軌を逸している！」と、口コミによる評判で、これまでに手がけた鑑定実績は数万件に及ぶ。兵庫県在住。無類のねこ好き。愛猫はマンチカンのノマ。著書に『２７星座 宿曜占星術』がある。http://ameblo.jp/f-jeff/

もしも 彼女が シャム女 なら
恋愛・ビジネス幸運を招く推しねこ相性占い

2017年5月21日　第1刷発行

著　者　じぇふ
発行者　増田幸美
発　行　株式会社ペンコム
　　　　〒673-0877 兵庫県明石市人丸町 2-20　http://pencom.co.jp
発　売　株式会社インプレス
　　　　〒101-0051 東京都千代田区神田神保町一丁目 105番地
　　　　TEL 03-6837-4235　（出版営業局）

■本の内容に関するお問い合わせ先
　　　　株式会社ペンコム　TEL 078-914-0391　FAX 078-959-8033
■乱丁本・落丁本のお取替えに関するお問い合わせ先
　　　　インプレス　カスタマーセンター
　　　　TEL 03-6837-5016　FAX 03-6837-5023　info@impress.co.jp
　　　　乱丁本・落丁本はお手数ですがインプレスカスタマーセンターまでお送りください。
　　　　送料弊社負担にてお取り替えさせていただきます。但し、古書店で購入されたものについてはお取り替えできません。
■書店／販売店のご注文窓口
　　　　株式会社インプレス 受注センター
　　　　TEL 048-449-8040　FAX 048-449-8041

印刷・製本　　　株式会社シナノパブリッシングプレス
カバーデザイン　デザイン工房 TOM'S 宮田 勉

ISBN: 978-4-295-40085-1　C0011
©2017 Mitera Eriko Printed in Japan
※推しねこ 相性占いは、古代バビロニアを発祥とする西洋占星術に基づいて、じぇふが考案した占いです。